“十三五”国家重点出版物出版规划项目

徽州文物图录

五

杨永生　翟屯建◎主编

中国科学技术大学出版社

姚玉萍宅

位于歙县徽城镇渔梁街92-15号，建于清代。坐北朝南，一进三开间砖木结构二层建筑。通面阔8米，通进深6.8米，占地面积约54平方米。

姚玉清宅

位于歙县徽城镇渔梁街，建于清代。坐东朝西，一进一开间砖木结构二层建筑。通面阔8米，通进深5.8米，占地面积46平方米。木格子门。有改修。

姚玉生宅

位于徽州区岩寺镇永兴居委会南山下，建于清代。坐东朝西，建筑面积90.36平方米。一进三开间二层建筑。正屋三间，明间为厅，两次间为房。楼上三间分割，大方砖直铺地，屋面铺望砖，每间正中双开格子门，明间四开格子门。

姚玉英等宅

位于歙县徽城镇斗山街，建于清代。坐北朝南，二进三开间砖木结构二层建筑。通面阔8.6米，通进深11.54米，占地面积99.2平方米。明堂较为开阔，前进两边厢房，天井两边有柴房，西边格子窗有损坏。门扇有2扇被拆毁，前进开天窗，后面已改建。

姚赞新宅

位于歙县徽城镇渔梁街，建于清末。坐北朝南，二进三开间带天井砖木结构二层建筑。通面阔16米，通进深14米，占地面积230平方米。格子窗，有木雕。大门有门楼，门楼有精美砖雕。

姚志华宅

位于黟县碧阳镇柏山村姚村组，建于清代。坐南朝北，通面阔10.1米，通进深9.45米，占地面积95.4平方米，三开间二层建筑。

姚祝英宅

位于歙县徽城镇渔梁街，建于清代。坐南朝北，砖木结构二层建筑。通面阔7.82米，通进深4.42米，占地面积34.6平方米。木板门，格子窗，现为便利店。

药材店

位于徽州区西溪南镇竦塘村二组，建于清代。坐东北朝西南，建筑面积279.39平方米。二进三开间二层建筑。门前有石坦小院。前进上下对堂，下堂三间，明间为门厅。上堂三间，明间为厅，两次间为房。后进为三合院，中为厅，两次间为房。楼上为走马楼。

叶爱娟、徐萍仙宅

位于歙县许村镇许村东升自然村110号，建于清代。坐西朝东，三进三开间。通面阔6米，通进深21.4米，占地面积124.41平方米。后进为三层建筑，驿站餐馆。简易门罩，门罩有砖雕。

叶彩麟二号宅

位于黟县碧阳镇北街社区，建于清末。坐南朝北，通面阔7.6米，通进深7.95米，占地面积76.3平方米。三开间带二厢有天井砖木结构二层建筑。木构架承重，木构架、装修等较完整，内构配件、隔扇等制作精致。

叶彩麟一号宅

位于黟县碧阳镇北街社区，建于清代。坐西朝东，通面阔7.75米，通进深12.51米，占地面积97平方米。二进三开间有天井砖木结构二层建筑。木构架承重，木构架、装修等较完整，构配件等制作精致，较完整。

叶昌恒宅

位于歙县雄村镇山下村叶玗组，建于清代。坐东朝西，一进三开间一天井。通面阔10.35米，通进深10.35米，占地面积107.1平方米。有格子窗、圆形石础、简易斜撑，有厢房。

叶长庚宅

位于黟县碧阳镇南屏村，建于清代。坐东朝西，通面阔8.6米，通进深6.5米，占地面积55.9平方米。三开间带二厢有天井砖木结构二层建筑。木构架承重。

叶长庚宅

位于黟县碧阳镇南屏村，建于清代。坐南朝北，通面阔10.75米，通进深6.4米，占地面积68.8平方米。三开间带二厢有天井砖木结构二层建筑。大门朝前，砖、木、石构配件及装修等制作工艺较高。

叶承焯宅

位于黟县碧阳镇南屏村，建于清代。坐西朝东，通面阔9.9米，通进深7.15米，占地面积70.8平方米。三开间带二厢有天井二层建筑。

叶春华宅

位于歙县深渡镇深渡老街，建于清代。通面阔4.85米，通进深6.8米，占地面积32.98平方米。前厅后房二层建筑。厅后设楼梯。内部木质结构保存尚好。

叶翠玲宅

位于歙县溪头镇溪头村蓝田自然村，建于清代。坐西朝东，一进三开间。通面阔15.7米，通进深7.4米，占地面积116.18平方米。冬瓜梁，有木雕，天井两处。大门有门楼。

叶大明宅

位于歙县森村乡公园村，建于清末。坐南朝北，六列五间。通面阔9.2米，通进深15.1米，占地面积138.92平方米。有砖木雕刻。

叶大强宅

位于歙县上丰乡丰源村赵村自然村，建于清代。坐东朝西，一进三开间二层建筑。通面阔11.2米，通进深9.5米，占地面积106.4平方米。门楼有花草及铜钱图案的砖雕。天井花雕屏门装隔，上堂梁头有天官人物雕像。

叶道信宅

位于屯溪区新潭镇长林村过塘坞自然村，建于清代。占地面积129.15平方米。一进三开间砖木结构二层建筑。大门开在东首厢房，西厢有门通往老厨房。天井红紫石铺砌，明间大方砖正铺地，两次间及照壁木皮门装修。楼上全部木皮门装修，坎上为格子门装修，檐口铺望板。

叶道云宅

位于歙县溪头镇洪村口村汪岔自然村，建于清乾隆年间。坐西朝东，二进三开间楼房。通面阔10.3米，通进深8.4米，占地面积86.5平方米。屋内朝西向，木梁柱结构，砖雕门楼。有少量木雕。

叶德慎等宅

位于歙县北岸镇呈村降村呈西自然村，建于清代。坐北朝南，二进三开间楼房。通面阔10.45米，通进深10.2米，占地面积106.59平方米。门楼无砖雕，内有少量木雕。

叶德生宅

位于祁门县小路口镇大丰村叶一组2-43号。坐东朝西，三开间一厅带二厢砖木结构二层建筑。通面阔8.5米，通进深6.5米，占地面积55平方米。前设天井，青石、木板铺设地面。

叶东来等宅

位于歙县许村镇塔山村四维自然村，建于清代。坐北朝南，二进三开间带天井楼房。通面阔8.9米，通进深13.1米，占地面积116.6平方米。梁撑、格子门和窗栏人物雕刻已被破坏。

叶芳炽、黄松华宅

位于黟县碧阳镇钟山村石屏组，建于清代。坐西南朝东北，通面阔9.8米，通进深16.3米，占地面积159.7平方米。二进三开间二天井砖木结构二层建筑。前进为上下厅中天井。隔扇、横风窗、配构件及门楼保存较好。

叶芳德宅

位于黟县碧阳镇南屏村，建于清代中期。坐南朝北，通面阔9.6米，通进深14.6米，占地面积140.2平方米。三开间带二厢砖木结构二层建筑。木雕刻精美别致。

叶芳瑾宅

位于黟县碧阳镇南屏村，建于清代。坐南朝北，通面阔10.05米，通进深8.25米，占地面积82.9平方米。三开间厅堂式带二厢有天井二层建筑。有隔扇门窗和横风窗及木构配件，制作工艺高超，做工较为精致，大门砖雕门楼保护较好。

叶芳钧宅

位于黟县碧阳镇南屏村，建于清代。坐南朝北，通面阔10.9米，通进深13.23米，占地面积144.2平方米。三开间上下厅中天井砖木结构二层建筑。木构架承重，天棚顶彩绘，木装修及雕刻精美，有『行吾素轩』匾额。2006年被列为全国重点文物保护单位。

叶芳祥宅

位于黟县碧阳镇南屏村，建于清末。坐东朝西，通面阔10.25米，通进深7.3米，占地面积74.8平方米。一进三开间一天井二层建筑。天井完好，天花板彩绘，砖雕门楼保护基本完好。

叶芳义宅

位于黟县碧阳镇南屏村，建于清代。坐南朝北，通面阔10.35米，通进深9米，占地面积93.2平方米。三开间带二厢有天井砖木结构二层建筑。木构架承重，门楼制作较好，木配件及隔扇制作较好。

叶芳榆宅

位于黟县碧阳镇南屏村，建于清代中期。坐西朝东，通面阔9.9米，通进深19.95米，占地面积170.5平方米。三进三开间二天井砖木结构二层建筑。木构架承重，门楼制作精美，屋内天棚有彩绘。

叶福兴宅

位于黟县碧阳镇南屏村，建于清代。坐东南朝西北，通面阔10.4米，通进深9.25米，占地面积96.2平方米。三开间厅堂式带二厢有天井二层建筑。隔扇门窗及木构配件做工精细，砖雕门楼保护较完好。

叶观礼宅

位于黟县碧阳镇南屏村，建于清末。坐东北朝西南，通面阔9.6米，通进深6.9米，占地面积66.2平方米。三开间带二厢有天井砖木结构二层建筑。木构架承重，木构及装修制作较好。

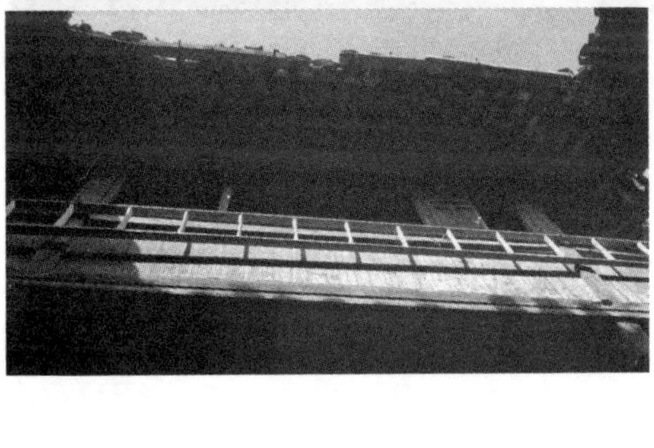

叶广森宅

位于歙县上丰乡丰源村赵村自然村，建于清代。坐东朝西，二进三开间上下对堂二层建筑。通面阔10米，通进深15米，占地面积150平方米。门楼有砖雕。正厅有冬瓜梁，两廊为雕花屏门装隔。

叶桂利宅

位于祁门县小路口镇大丰村叶二组，建于清代。坐西朝东，前后厅砖木结构二层建筑。通面阔9.5米，通进深14.2米，占地面积135平方米。后厅为走马楼。砖雕门罩，彩绘门面，前后均设天井，青石板铺设地面。

叶桂泉宅

位于黟县碧阳镇南屏村，建于清代。坐西朝东，通面阔9.3米，通进深12.85米，占地面积119.5平方米。三开间带二厢上下厅中天井二层建筑。隔扇门窗及木构配件等装修制作精美。

叶国甫宅

位于黟县宏村镇龙江村龙川组，建于清代。坐北朝南，通面阔9.4米，通进深7.6米，占地面积71.4平方米。三开间二层建筑。正面大门，照壁后上楼。三合土斜方格地面。房屋整体保存完整，砖、木、石雕制作精致。

叶国瑞宅

位于黟县碧阳镇南屏村，建于清代。坐北朝南偏东，通面阔10.45米，通进深7.75米，占地面积81平方米。三开间带二厢有天井有门楼二层建筑。隔扇门窗及木构配件制作水平较高，保存相对完好。

叶涵治宅

位于歙县上丰乡丰源村赵村自然村，建于清末。坐东朝西，二进三开间二层建筑。通面阔 11.1 米，通进深 13.3 米，占地面积 147 平方米。前有青石板铺就的小院。上下堂有厢房，明堂有廊，雕花屏门装隔。砖、木、石雕精美。

叶汉高宅

位于黟县碧阳镇南屏村，建于清代。坐西朝东，通面阔 9.95 米，通进深 8 米，占地面积 79.6 平方米。三开间带二厢有天井二层建筑。照壁后上楼，隔扇门窗做工精致。

叶藉生等宅

位于黄山区三口镇湘潭村新屋组，建于清末。占地面积96.5平方米，高约5米。组合式店铺，前为三间，后为两间。木架结构穿斗式，水门汀地面，板壁墙。

叶季旺、程丰年宅

位于黟县碧阳镇丰梧村，建于清末。坐北朝南，通面阔10.05米，通进深9.2米，占地面积92.5平方米。三开间带二厢有天井二层建筑。彩绘天棚，木构架及装修较好。

叶家大屋

位于歙县徽城镇大北街，建于清代。坐北朝南，三进三开间楼房。通面阔12.4米，通进深26.7米，占地面积331.1平方米。前进已改建，后进已倒，内部有部分木雕。2006年被列为歙县重点文物保护单位。

叶家奎宅

位于绩溪县长安镇大源村131号，建于清代。坐西北朝东南，占地面积166平方米。硬山式屋顶，外砌封火墙，抬梁穿斗并用式梁架，三合土地坪，前后两堂相对，中设天井，撑拱承挑出檐，檐部装置裙板和冰裂纹矮栏，二楼通转。大门上的砖雕门罩雕刻精美，大门内设有木板影壁，内构件雕刻精美，整幢建筑保护完好。

叶家琪宅

位于歙县溪头镇溪头村蓝田自然村，建于清代。一进三开间砖木结构二层建筑。通面阔8.47米，通进深9.7米，占地面积111平方米。有天井、木雕，门楼有砖雕。

叶坚治宅

位于歙县溪头镇溪头村，建于清代。坐东朝西，二进三开间楼房。通面阔10.32米，通进深13.59米，占地面积140.25平方米。有大小天井两处，梁和板壁均有木雕。

叶建安宅

位于黟县碧阳镇南屏村，又名『慎思堂』，建于清末。坐西朝东，通面阔10.15米，通进深20.08米，占地面积203.8平方米。三进三开间砖木结构二层建筑。有偏厅。木构架承重，梁撑、梁袱、雀替等木构配件及隔扇门窗、楼行栏杆、木装修制作精致。

叶建才宅

位于黄山区三口镇湘潭村立潭组，建于晚清。二进三开间。占地面积192.5平方米，高约5.5米。木架结构穿斗式，水门汀地面，地沟式天井，板壁墙，天棚卷棚望砖。

叶建娣等宅

位于黄山区三口镇湘潭村湘潭组，建于清代。三进三开间临街店铺（前店后宅）。占地面积267平方米，高约5.5米。木架结构穿斗式，水门汀地面，2个方形地沟式天井，板壁墙，三进均有阁楼。

叶建华宅

位于歙县溪头镇溪头村，建于清代。坐西朝东，二进三开间。通面阔11.5米，通进深10.1米，占地面积111.5平方米。简易门楼，门楼砖雕被破坏。建筑风格简单。

叶建华宅

位于黟县碧阳镇钟山村胡村组，建于清末。坐北朝南，通面阔9.95米，通进深11.8米，占地面积117.4平方米。三开间砖木结构二层建筑。木构架及木装修制作较好。

叶建忠宅

位于歙县深渡镇深渡老街，建于清代。坐北朝南，三进二天井二层建筑。通面阔8.1米，通进深20米，占地面积162.81平方米。大门木板木栓。门顶拱形罩檐，粉素墙。内外保护尚好。

叶健平宅

位于黟县碧阳镇南屏村，建于清代。坐北朝南，通面阔9.1米，通进深6.6米，占地面积60平方米。三开间带二厢有天井砖木结构二层建筑。木构配件及隔扇、横风窗制作较好。

叶姜生宅

位于黟县碧阳镇南屏村，建于清代。坐西北朝东南，通面阔9.1米，通进深9.05米，占地面积82.4平方米。三开间带二厢上下厅中天井二层建筑。木构配件及隔扇门窗保存较齐全，做工较精致。2006年被列为全国重点文物保护单位。

叶金桂宅

位于歙县溪头镇洪村口村，建于明末清初。坐西朝东，一进三开间二层建筑。通面阔8.35米，通进深8.47米，占地面积70.7平方米。内部雕栏、窗格花雕保存完好。

叶菁宅

位于歙县徽城镇斗山街，建于清代。坐东朝西，一进三开间带天井砖木结构二层建筑。通面阔8.9米，通进深9.6米，占地面积85平方米。天井地漏完好。房子后改建，木柱、梁椽红漆。

叶开发、叶开进宅

位于黟县碧阳镇南屏村，建于清末。坐东朝西，通面阔10.16米，通进深7米，占地面积71.1平方米。三开间带二厢有天井砖木结构二层建筑。木构制作较好，门窗雕刻精美。

叶开吾宅

位于黟县碧阳镇南屏村，建于清末。坐西朝东，通面阔9.45米，通进深10.2米，占地面积96.4平方米。一进三开间上下堂一天井二层建筑。天花板彩绘，楼行栏板完好，砖雕门楼保存较好。

叶科荪宅

位于黟县宏村镇龙江村秀里组，建于清代。坐北朝南，通面阔8.89米，通进深5.96米，占地面积53平方米。三开间带二厢有天井二层建筑。大门左边进厨房，左厢上楼。三合土地坪，木构架、装修保存较完整。

叶老培宅

位于歙县徽城镇鲍川村车川自然村，建于清末。坐东北朝西南，通面阔11.13米，通进深5.05米，占地面积56.2平方米。砖木结构二层建筑。砂石地面，门楼下有墙画。

叶礼宏宅

位于歙县上丰乡屯田村外屯自然村，建于清代。坐西朝东，一进三开间二层建筑。通面阔7.9米，通进深9米，占地面积71.1平方米。砖雕门楼。

叶礼龙等宅

位于歙县上丰乡屯田村外屯自然村，建于清代。坐西朝东，一进三开间。通面阔9.9米，通进深9.5米，占地面积94.05平方米。砖雕门楼。

叶立平宅

位于黟县碧阳镇南屏村，建于清代。坐东朝西，通面阔8.75米，通进深6.95米，占地面积60.8平方米。三开间带二厢有天井二层建筑。砖雕门楼精美。

叶立青宅

位于歙县溪头镇溪头村蓝田自然村，建于清代。坐西朝东，一进三开间。通面阔8.1米，通进深7米，占地面积56.7平方米。梁呈圆形。有简易砖雕门楼。

叶立新宅

位于休宁县齐云山镇西馆村，建于清代。坐东北朝西南，一进三开间。占地面积51.3平方米。内部结构简单，曾作为民国政府乡公所。

叶丽昌宅

位于歙县溪头镇溪头村蓝田自然村，建于清代。二进三开间。通面阔20.78米，通进深15米，占地面积311.7平方米。明堂为正方形，中间用墙隔开，为两幢回龙建筑。有木雕和栅板，『文革』时期损坏严重。

叶丽华宅

位于黟县宏村镇龙江村龙川组，建于清末。坐北朝南，通面阔8.85米，通进深7.1米，占地面积65.5平方米。三开间二层建筑。正面大门，左右侧门通外及厨房，照壁后上楼。现为水泥地面。砖、木、石雕制作较好，木构架、装修及构配件保存完整。

叶丽娟宅

位于歙县溪头镇洪村口村，建于清代。坐西朝东，二进三开间楼房。通面阔14.5米，通进深19.1米，占地面积229.2平方米。内部设施保存较好。

叶丽玉宅

位于黟县宏村镇龙江村龙川组，建于清代。坐北朝南偏西，通面阔8.7米，通进深7.5米，占地面积63.8平方米。三开间二层建筑。左侧门通厨房，照壁后上楼。三合土斜方格地面。

叶利平宅

位于黟县碧阳镇南屏村，建于清代。坐南朝北，通面阔10.8米，通进深9米，占地面积97.2平方米。三开间带二厢有天井砖木结构二层建筑。隔扇、木构配件和砖作门楼保存较好。

叶利泉、叶学忠宅

位于黟县宏村镇龙江村秀里组，建于晚清。坐西朝东，通面阔9.15米，通进深7.45米，占地面积68.2平方米。三开间带二厢二层建筑。左侧耳门通外厨房（已改建）。三合土地坪，木构架、装修等保存较好。

叶莲英宅

位于黄山区甘棠镇凤凰村大屋组，建于晚清。二进三开间。占地面积130平方米。中有天井，水门汀地面，青花砖墙，白果木柱，松木梁，明堂厢房有12块格子门扇，格子门4块，屋顶有望砖，有卷棚，月梁简单，无太多修饰。

叶良福等宅

位于黄山区三口镇湘潭村立滩组，建于晚清。组合式建筑，主宅为二进五开间。左厢有一偏房，一进三开间。占地面积403.44平方米，高约6米。木架结构穿斗式，水门汀地面，地沟式天井，板壁墙，天棚卷棚望砖。卷棚上双狮戏球1对。

叶良福宅

位于歙县溪头镇洪村口村汪岔自然村，建于清代。坐东朝西。三进三开间楼房。通面阔14米，通进深22.7米，后有花园14平方米，占地面积350平方米。边有小巷通后堂，小巷顶封闭。雕刻木梁柱，栅窗门。前堂后堂均设天井。

叶良泰宅

位于黄山区三口镇湘潭村湘潭组，建于清末。占地面积63平方米，高约4.5米。有余屋两间。木架结构穿斗式，有阁楼。

叶林、叶山宅

位于黟县宏村镇龙江村上轴组，建于清代。坐北朝南，通面阔9.6米，通进深7.7米，占地面积73.9平方米。三开间有天井二层建筑。照壁后上楼。木构架、装修等较完整。

叶鲁华宅

位于黟县宏村镇龙江村秀里组，建于清末。坐西朝东，通面阔9.44米，通进深11.18米，占地面积106.7平方米。三开间前后厅带二厢二天井二层建筑。厨房濒临倒塌。三合土斜方格地面，房间有阁楼。木构架、装修、隔扇保存完整，构配件制作精致。

叶茂云宅

位于歙县徽城镇鲍川村车川自然村040号，建于明代。坐西朝东，通面阔8.25米，通进深10.4米，占地面积约85.8平方米。砖木结构二层建筑。

叶梅荪宅

位于黟县碧阳镇北街社区西街，建于清代。坐南朝北，通面阔9.5米，通进深7米，占地面积66.5平方米。三开间有天井砖木结构二层建筑。木构架承重，木构架、装修等较完整，构配件、隔扇木雕等制作较好，门楼完好。2014年被列为黟县重点文物保护单位。

叶民远宅

位于黟县碧阳镇南屏村，建于清代。坐西朝东，通面阔9.05米，通进深12.5米，占地面积113.8平方米。前后进三开间带二厢二天井砖木结构二层建筑。2006年被列为全国重点文物保护单位。

叶培信宅

位于黟县宏村镇宏村，建于清代。坐北朝南，占地面积250平方米。五开间二层建筑。北面为柴屋，正房前面留有小院。

叶佩良宅

位于歙县徽城镇鲍川村车川自然村，建于清代。坐北朝南，一进二开间砖木结构二层建筑。通面阔4.4米，通进深6.15米。砂石地面，二层有格子窗。

叶佩琪宅

位于歙县许村镇许村环泉自然村038号，建于清代。坐西朝东，一进三开间楼房。通面阔9.7米，通进深8.4米，占地面积81平方米。门楼有砖雕。内部窗栏、斜撑等构件有雕刻。

叶佩珍等宅

位于黄山区三口镇湘潭村湘潭组，建于清代。占地面积195.57平方米。二进三开间。木架结构穿斗式，保存基本完好。三合土地坪，后进有阁楼，木梯已改变。有简易斜撑8个。

叶朋六宅

位于黟县宏村镇龙江村秀里组，建于清代。坐西朝东，通面阔8.55米，通进深7.64米，占地面积65.3平方米。三开间带二厢有天井二层建筑。房间设阁楼。三合土斜方格地面，木构架、装修较完整。

叶品珍宅

位于歙县徽城镇渔梁街，建于清末。坐北朝南，通面阔13.4米，通进深10米，占地面积134平方米。外砌土墙，内为木质构造及支撑，圆柱方墩，玻璃格子门窗。中有天井，后有小院。

叶巧仙宅

位于歙县北岸镇呈村降村呈西自然村，建于清代。坐北朝南，二进三开间楼房。通面阔10.25米，通进深12.35米，占地面积126.59平方米。门楼有砖雕，被泥覆盖。内有精美木雕。厨房门楼砖雕较精美。

叶秋来宅

位于歙县徽城镇就田村，建于清代。坐南朝北，二进一天井上下对堂。通面阔9.7米，通进深7米，占地面积68平方米。门楼有砖雕。

叶全安宅

位于黟县碧阳镇南屏村，建于清代。坐东朝西，通面阔10.2米，通进深6.85米，占地面积69.8平方米。三开间带二厢有天井砖木结构二层建筑。木构架承重，隔扇及构配件制作精致。

叶日锦宅

位于歙县富堨镇青山村善西组，建于清代。坐西朝东，一进三开间二层建筑。通面阔9.7米，通进深8.6米，占地面积83.4平方米。梁柁雕有天官图案，北为厨房。

叶荣荪宅

位于黟县碧阳镇南屏村，建于清代。坐西北朝东南，通面阔9.15米，通进深6.75米，占地面积61.8平方米。三开间带二厢有天井砖木结构二层建筑。

叶荣香宅

位于歙县深渡镇绵潭村卫二组，建于清代。坐北朝南，一进三开间二过厢。通面阔9.7米，通进深8.7米，占地面积84.39平方米。正厅后为楼梯，无水明堂，明堂右侧开边门。大门楼顶挑檐，镶青砖。

叶荣祥宅

位于歙县上丰乡丰源村赵村自然村，建于清代。坐东朝西，一进三开间二层建筑。通面阔9.1米，通进深9.7米，占地面积84.6平方米。门楼有砖雕，前有小院。天井有廊，廊上有狮子滚绣球木雕1对。厅堂两厢房花雕窗门和窗围，梁头雕有天官图案。

叶荣宅

位于黟县宏村镇龙江村龙川组，建于清末。坐北朝南，通面阔9.45米，通进深8.55米，占地面积80.8平方米。三开间带二厢二层建筑。左厢侧门通厨房，照壁后上楼。木构架等保存完整，砖、木、石雕制作较好。

叶润盈宅

位于黟县碧阳镇南屏村，建于清代。坐东朝西，通面阔8.45米，通进深6.35米，占地面积53.7平方米。四开间带二厢有天井砖木结构二层建筑。木构架承重。

叶社春宅

位于黟县碧阳镇泮邻街38号，建于清代。坐东南朝西北，占地面积76.27平方米，建筑面积71.29平方米。正厅一明两暗三开间布局。厢房有房套，东廊入户卷门洞上悬字匾『宾晖』，外并有一廊披。砖、木雕刻装修精美，楼层为穿斗式五檩四步架，檐口挑头梁承撩檐枋支挑，设飞椽，整体保存完好。2014年被列为黟县重点文物保护单位。

叶时龙等宅

位于黟县碧阳镇钟山村，建于清末。坐北朝南，通面阔8.85米，通进深11米，占地面积97.4平方米。三开间上下厅中天井带二厢砖木结构二层建筑。彩绘天棚。

叶时荣宅

位于祁门县历口镇彭龙村坑上组，建于清代。坐北朝南，一进三开间二房带一厢砖木结构二层建筑。通面阔9.2米，通进深8.5米，占地面积78平方米。前有院子，大门朝东开，砖雕门楼，前设天井，青石、木板铺设地面。

叶时荪、卢跃林宅

位于黟县宏村镇雉山村叶村组，建于清代。坐西朝东，通面阔13.8米，通进深8.75米，占地面积120.8平方米。五开间二层建筑。三合土地坪，木构配件较好。

叶时荪、朱洪宅

位于黟县宏村镇雉山村叶村组，建于清末。坐西朝东，通面阔9.7米，通进深7.45米，占地面积72.3平方米。三开间二层建筑。照壁后上楼，制作较好。

叶莳英宅

位于徽州区潜口镇澄塘村陈村自然村里一组，建于清代。坐北朝南，建筑面积144.64平方米。三开间上下对堂二层建筑。上下堂均为三间分割，明间为厅，次间为房，上下堂楼下柱头都有斜撑。

叶仕星宅

位于绩溪县华阳镇东大街86号，建于清代后期。坐北朝南，占地面积100平方米。一进三开间砖木结构二层建筑。前檐设一天井，撑拱承挑出檐，二楼有隔扇装饰，东西厢房，三合土地坪，外围封火墙。

叶树武二号宅

位于黟县碧阳镇南屏村，建于清代。坐东朝西，通面阔9.8米，通进深18.7米，占地面积171.2平方米。三开间上下厅带二厢中天井砖木结构二层建筑。木构配件及隔扇、横风窗制作较好。

叶树武一号宅

位于黟县碧阳镇南屏村，建于清代。坐东朝西，通面阔9.15米，通进深14.05米，占地面积128.6平方米。二进三开间带二厢二天井二层建筑。隔扇门窗制作精致。

叶树垣宅

位于黟县碧阳镇南屏村，建于清代。坐北朝南，通面阔8.8米，通进深6.55米，占地面积57.6平方米。三开间带二厢有天井二层建筑。木构配件及隔扇门窗、横风窗等装修制作工艺较高。

叶树珍、汪小梅宅

位于黟县碧阳镇南屏村，建于清代。坐东朝西，通面阔10.2米，通进深7.36米，占地面积75.1平方米。三开间带二厢中天井砖木结构二层建筑。木构架承重，木构配件及隔扇门窗制作精致。

叶树祖宅

位于黟县碧阳镇南屏村，建于清代。坐西朝东，通面阔9.15米，通进深6.55米，占地面积59.9平方米。三开间带二厢有天井二层建筑。隔扇门窗、横风窗等构配件和装修等制作较好，形制较完整，大门砖雕门楼做工精致，保存较好。

叶双、洪明章宅

位于歙县徽城镇问政村，建于清代。坐北朝南，二进三开间一天井砖木结构二层建筑。通面阔10米，通进深10.8米，占地面积108平方米。有木雕。门楼有砖雕。

叶松铮宅

位于黟县碧阳镇关麓村，建于清代。坐南朝北，通面阔9.65米，通进深9.15米，占地面积88.3平方米。三开间砖木结构二层建筑。木构架承重，木构配件、隔扇等制作较好。

叶统成宅

位于绩溪县瀛洲镇汪村179号，建于清代晚期。坐北朝南，占地面积88平方米。一进三开间二层建筑。抬梁穿斗并用式梁架，撑拱承挑出檐，前檐檐部设一天井，三合土地坪，梁架和基础较好，室内木雕构件雕刻细腻精美。

叶婉香宅

位于歙县溪头镇晔岔村，建于清代。坐北朝南，一进三开间。通面阔10.05米，通进深8.65米，占地面积87平方米。大门居中，有门楼，顶侧有女儿墙。

叶为楷等宅

位于歙县富堨镇承狮村岭山组，建于清代。坐西朝东，二进三开间二层建筑。通面阔10.6米，通进深12.35米，占地面积130.9平方米。梁上有雕花，有门楼。

叶唯节等宅

位于黄山区三口镇湘潭村中潭组，建于清末。占地面积128.31平方米，高约5米。二进三开间。临街店铺。木架结构穿斗式，水门汀地面，地沟式明堂，板壁墙，前后有阁楼。

叶维屏宅

位于黟县碧阳镇南屏村，建于清代。坐西南朝东北，通面阔9.6米，通进深18.1米，占地面积173.8平方米。三开间带二厢前后厅有天井二层建筑。木构配件及隔扇门窗、横风窗等做工精细别致。

叶伟民、叶赛业宅

位于歙县溪头镇溪头村，建于清代。坐西朝东，三进三开间。通面阔9.8米，通进深18.45米，占地面积196平方米。建筑别具一格，外有门套，雕花门板，正间有天井。

叶卫东宅

位于屯溪区新潭镇长林村过塘坞自然村，建于清代。坐南朝北，二进一开间四合式二层建筑。占地面积约132平方米。大门开在正面居中，门厅有两道门，门厅正中为小厅过道，两次间向天井装两间住房，柱头有木雕人物像斜撑，窗扇和窗栏板雕刻精细。天井较宽敞，红紫石铺砌，很规整，上堂较天井高约0.1米。两庑各有门通向户外。上堂明间为厅，两次间为住房，大方砖正铺地，隔断全部木皮门装修，柱头装倒爬狮斜撑，照壁后装楼梯，由东向西登楼，楼城皮门装修，坎上无格子门，楼上为走马楼，上、下堂相通，隔断与底层一样，屋面全铺望板。

叶文贵二号宅

位于黟县碧阳镇南屏村，建于清代。坐东朝西，通面阔9.5米，通进深11.35米，占地面积107.8平方米。一进三开间上下堂一天井二层建筑。明堂形制完整，砖雕门楼基本完好，天花彩绘清晰可见。

叶文贵一号宅

位于黟县碧阳镇南屏村，建于清末。坐东朝西，通面阔10米，通进深7.05米，占地面积70.5平方米。三开间带二厢有天井砖木结构二层建筑。门窗、飞罩雕刻很精致，木构制作较好。

叶文经宅

位于黟县碧阳镇南屏村，建于清代。坐东朝西，通面阔8.7米，通进深7.75米，占地面积67.4平方米。三开间厅堂式带二厢有天井二层建筑。木雕构配件和隔扇门窗等制作较精致。

叶文娟、孙鹏程宅

位于屯溪区新潭镇长林村双忠组，建于清末。坐东北朝西南，二进三开间四合式砖木结构二层建筑。占地面积182.81平方米。天井东西首为厢房，下部为清水墙，坎上木隔扇装修，楼城木皮门装修，上部装有隔扇门。上堂明间为客厅，两次间隔断用青砖砌成。楼上为走马楼，上、下廊均为三间。

叶文平宅

位于歙县徽城镇渔梁街98-9号，建于清代。坐北朝南，通面阔4.07米，通进深8.21米，占地面积33.41平方米。木质土墙二层建筑。结构较为简单，圆柱方墩支撑，玻璃格子门窗。

叶文武宅

位于黟县宏村镇龙江村秀里组，建于清代。坐南朝北，通面阔8.81米，通进深10.76米，占地面积94.8平方米。三开间带二厢有天井二层建筑。照壁后上楼，后檐墙开门进厨房。

叶物焕宅

位于徽州区呈坎镇叶村，建于清代。坐西北朝东南，建筑面积162.4平方米。三开间上下对堂二层建筑。门厅两次间为住房。上堂三间分割，明间为厅，两次间为房。楼上走马楼，矮隔扇窗门，屋面铺望砖。

叶锡尧宅

位于徽州区西溪南镇竦塘村郑村自然村一组，又称『怀德堂』，建于清代。坐西朝东，建筑面积254平方米。三开间上下对堂二层建筑。明间红石板铺地，两次间为房，窗格子门雕花，柱头有回纹斜撑。

叶锡禹宅

位于黟县碧阳镇南屏村，建于清代。坐西朝东，通面阔8.7米，通进深6.9米，占地面积60平方米。三开间带二厢砖木结构二层建筑。彩绘天棚。

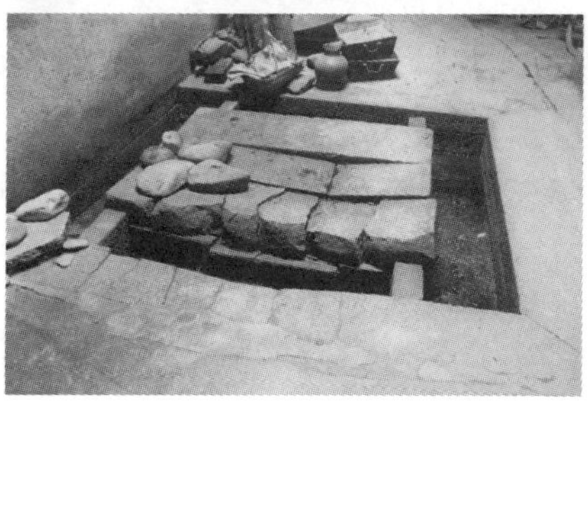

叶小明等宅

位于黄山区三口镇湘潭村湘潭组，建于清末。占地面积138.92平方米，高约5米。二进三开间。临街店铺。木架结构穿斗式，水门汀地面，明堂方形地沟式，板壁墙，前后有阁楼。东侧有一单间偏房。

叶孝辉宅

位于黄山区甘棠镇凤凰路，建于清代。占地面积约186.51平方米。一进三开间。分前后两堂，前堂为假堂，中有天井，木架结构穿斗式，水门汀地面，望砖天棚。有斜撑14个、大梁袱4个、月梁2个。

叶星全、叶启全宅

位于歙县许村镇塔山村叶家自然村五组，建于清代。坐北朝南，二进三开间楼房。通面阔9.2米，通进深11.5米，占地面积105.8平方米。总体保存较好，梁撑、窗栏木雕完整，有中夹门6扇。有门楼。

叶绣花等二号宅

位于歙县徽城镇南源口村王村茂自然村，建于清代。坐南朝北，一进三开间砖木结构二层建筑。通面阔9米，通进深6米，占地面积约54平方米。

叶绣花等一号宅

位于歙县徽城镇南源口村王村茂自然村，建于清代。坐北朝南，二进三开间二层建筑。通面阔9.4米，通进深13.7米，占地面积约128.8平方米。有冬瓜梁，有木雕。

叶宜花宅

位于黟县碧阳镇南屏村，建于清代。坐西朝东，通面阔17.3米，通进深7.2米，占地面积125平方米。三开间带二厢有天井砖木结构二层建筑。木构架装修和砖门楼制作较好。

叶宜璋宅

位于黟县宏村镇龙江村秀里组，建于清代。坐南朝北，通面阔7.05米，通进深5.97米，占地面积41.8平方米。二开间砖木结构二层建筑。楼梯设在照壁后，右边间通屋外，木构架承重，三开砖围护墙，小青瓦屋面，三合土地坪。

叶英安宅

位于黟县碧阳镇南屏村，建于清代。坐东朝西，通面阔10.3米，通进深8.75米，占地面积90.1平方米。三开间带二厢有天井砖木结构二层建筑。木构架承重，木配件及隔扇制作精致。

叶永康、叶亚民宅

位于黟县碧阳镇南屏村，建于清代。坐东北朝西南，通面阔9.9米，通进深7.6米，占地面积75.2平方米。三开间带二厢有天井二层建筑。

叶永康宅

位于黟县碧阳镇南屏村，建于清末。坐西北朝东南，通面阔9.6米，通进深13.78米，占地面积132.3平方米。二进三开间上下堂有天井二层建筑。楼行隔扇门窗完好，大门砖雕门楼较好，楼板天花板彩绘清晰完整。

叶有炽宅

位于祁门县箬坑乡双马村马山组，建于清末。坐西朝东，一进三开间砖木结构二层建筑。通面阔10.5米，通进深8.8米，占地面积92平方米。砖制双面门罩，前设天井，屋内有木雕，隔扇缺失，青石、木板铺设地面。

叶有良宅

位于祁门县箬坑乡双马村马山组，又名『积善堂』，民国时期作私塾之用。坐南朝北，一进三开间砖木结构二层建筑。通面阔9.4米，通进深6.2米，占地面积58平方米。屋内无精雕细作。

叶有辛宅

位于歙县郑村镇郑村，建于清代。坐北朝南，二进三开间。通面阔9.25米，通进深26.4米，占地面积244.2平方米。下堂有厢房，厢房、明堂两边上方有少许木雕。梁柁有简易雕刻。

叶玉广宅

位于黟县碧阳镇南屏村，又称『敦睦堂』，建于清代。坐北朝南，通面阔9.5米，通进深15.55米，占地面积147.7平方米。二进三开间二天井二层建筑。大门砖雕门楼雕刻精美别致，天花板彩绘，木构架基本完好。2006年被列为全国重点文物保护单位。

叶玉华、汪有源宅

位于黟县碧阳镇北街社区，建于清代。坐西朝东，通面阔14.9米，通进深13.75米，占地面积204.9平方米。共两进，后进五开间带二厢砖木结构二层建筑。木构架承重，木构架、装修等较完整，构配件、隔扇制作较好。

叶玉建宅

位于黟县碧阳镇南屏村，建于清代。坐东朝西，通面阔9.75米，通进深7.85米，占地面积76.5平方米。三开间带二厢有天井砖木结构二层建筑。木构架承重，门楼制作较精致。

叶玉莲宅

位于黟县碧阳镇南屏村，建于清代。坐东朝西，通面阔10.1米，通进深8米，占地面积80.8平方米。三开间有天井砖木结构二层建筑。木构架承重，总体制作较好，天棚彩绘完整。

叶玉树宅

位于黟县碧阳镇南屏村，建于清代。坐东朝西，通面阔10.15米，通进深6.8米，占地面积69平方米。三开间带二厢有天井砖木结构二层建筑。

叶玉堂宅

位于黟县碧阳镇南屏村，建于清末。坐北朝南，通面阔7.95米，通进深6.7米，占地面积53.3平方米。一进三开间一天井二层建筑。天井完好，木构架基本完好。

叶玉宪宅

位于黟县碧阳镇南屏村，建于清代。坐北朝南，通面阔9.5米，通进深6.85米，占地面积65.1平方米。三开间带二厢有天井二层建筑。隔扇门窗、横风窗、楼行栏杆等制作较精致，保存较好，砖雕门楼保存完整。

叶玉梓宅

位于黟县碧阳镇南屏村，又称『南薰别墅』，建于清代。坐东朝西，通面阔10.7米，通进深14.5米，占地面积155.2平方米，三开间砖木结构二层建筑。隔扇门窗、飞罩、楼行栏杆制作较好，雕刻精致。2006年被列为全国重点文物保护单位。

叶育林宅

位于黟县碧阳镇南屏村，建于清代。坐南朝北，通面阔8.55米，通进深8.45米，占地面积72.2平方米。三开间带二厢有天井二层建筑。木构配件及隔扇较好。

叶育生宅

位于歙县许村镇许村环泉自然村一组163号，建于清代。坐西朝东，一进三开间楼房。通面阔9.3米，通进深7.5米，占地面积69.75平方米。从左侧入内，有一小天井，明堂东面墙壁人物画清晰完好，内部格子门不存。

叶育祥宅

位于黟县碧阳镇南屏村，建于清光绪年间。坐南朝北，通面阔9.58米，通进深8.7米，占地面积83.3平方米。三开间砖木结构二层建筑。木构架承重，天棚有彩绘，门楼砖雕精致，木构配件及窗罩制作较好。

叶欲田等宅

位于歙县上丰乡丰源村赵村自然村，建于清末。坐东北朝西南，二进三开间。通面阔10.4米，通进深12.5米，占地面积125.8平方米。门前有院，砖雕门楼，上、下堂有厢房，明堂有廊，雕花屏门装隔，梁头有福、禄、寿人物雕饰。木雕精美。

叶欲欣宅

位于黟县西递镇叶村，建于清代中期。坐西朝东，通面阔8.04米，通进深7.01米，占地面积56.4平方米。三开间带二厢有天井二层建筑。三合土地坪，底层房内直铺木地板，门楼砖雕精美。

叶裕超等宅

位于徽州区西溪南镇竦塘村郑村自然村二组，建于清代。坐西朝东，建筑面积473.79平方米。三开间上下二对堂二层建筑。明间为厅，两次间为房。楼上走马楼，楼城木板装修，坎上一圈为格子门装修，屋面装饰望板。

叶元诚宅

位于歙县溪头镇溪头村蓝田自然村，建于清代。一进三开间二层建筑。通面阔11.8米，通进深5.5米，占地面积65平方米。有天井，大门向东边。均为木板门，栏栅。

叶元辉宅

位于绩溪县瀛洲镇瀛洲村157号，建于清代后期。坐北朝南，占地面积170平方米。上下对堂，二楼通转，硬山式屋顶，外围封火墙，三合土地坪，抬梁穿斗并用式梁架，撑拱承挑出檐，中设天井。斜撑、窗门及过厢的隔扇雕刻精美。

叶元龙宅

位于歙县溪头镇溪头村，建于清代。坐西朝东，二进三开间楼房。通面阔10.6米，通进深13.1米，占地面积138.86平方米。南向上楼，有木雕。

叶媛兮宅

位于歙县溪头镇溪头村，建于清代。坐东朝西，二进三开间。通面阔9.8米，通进深11.8米，占地面积115.6平方米。门及窗户栏均有木雕，有八仙过海、荷花等图案。天井在房屋中间。

叶岳雨等宅

位于歙县徽城镇鲍川村车川自然村，建于清代。坐东朝西，一进三开间砖木结构二层建筑。通面阔5.4米，通进深6.3米，占地面积34.02平方米。后进倒塌。有门楼。

叶跃红宅

位于黟县碧阳镇南屏村，建于清代中期。坐东朝西，通面阔8.65米，通进深6.75米，占地面积58.4平方米。三开间砖木结构二层建筑。木装修及门窗制作雕刻较好。

叶跃进宅

位于歙县北岸镇呈村降村呈西自然村，建于清代。坐南朝北，二进三开间楼房。通面阔10.25米，通进深13.05米，占地面积133.76平方米。门楼有少量砖雕，内有少量木雕。

叶在福宅

位于徽州区呈坎镇叶村十三组，建于清代。坐西朝东，建筑面积82.33平方米。三开间上下对堂二层建筑。门厅两次间为住房，上堂三间分割，明间为厅，两次间为房。楼上全部装格子窗扇，楼板地面铺地砖。

叶泽润宅

位于黟县宏村镇龙江村秀里组，建于清末。坐西北朝东南，通面阔9.88米，通进深13.01米，占地面积128.5平方米。三开间上下堂带二厢中天井二层建筑。左厢侧耳门通厨房，正面大门前有坦。木构架、装修、隔扇、构配件等较完整。

叶峙亭宅

位于歙县溪头镇溪头村蓝田自然村，建于清代。坐北朝南，三进三开间带三园楼房。通面阔33.5米，通进深19.52米，占地面积653.92平方米。雕梁画栋，花栏栅，砖雕门楼。房屋错落有致。

叶紫霞宅

位于徽州区西溪南镇竦塘村郑村自然村，建于清代。坐西南朝东北，建筑面积232平方米。三开间二阁厢二层建筑。门厅很浅，下廊一披水。上堂两次间房有雕花窗栏；楼上明间四开窗，其余双开窗，屋面装木望板房。

叶宗乐宅

位于徽州区西溪南镇竦塘村郑村自然村，建于清代。坐东北朝西南，建筑面积210平方米。三开间带二厢二层建筑。门厅一披水门廊。上堂三间分割，前檐饰一根月梁，柱头有回纹斜撑。

叶宗尹宅

位于徽州区西溪南镇竦塘村郑村自然村，又名『映日草堂』，建于清代。坐西朝东，建筑面积100平方米。一进三开间二层建筑。明间厅大方砖铺地，两次间房全部木装修，窗口装格子门。楼上三间分割，沿天井三边装格子门，前檐柱头有夔龙斜撑，屋面铺望板。

一府六县

位于黄山区甘棠镇凤凰村，又名『大屋』，建于清代中晚期。二进五开间二天井。占地面积326.8平方米。原为水门汀地面，木架结构穿斗式，门前门罩饰有砖雕，中进有月梁（为双狮戏球2个），斜撑若干，屋顶多饰望砖。东侧附属建筑尚存。

一经堂

位于婺源县江湾镇汪口村李家巷中段，由清乾隆年间任州同知俞念曾建于清乾隆二年(1737)。占地面积约150平方米。三开间带二厢。石库门枋装饰简朴。室内梁、门、槛均精雕细刻。堂名取自『人遗子，金满盈；吾教子，唯一经』的古训。2005年被列为婺源县重点文物保护单位。

依振堂

位于歙县昌溪乡昌溪村红旗自然村，建于清代。坐北朝南，三进二明堂。通面阔9.35米，通进深20.8米。一进至三进之间无照壁遮挡，二进西侧厢房。后进设楼梯。室内木雕精美，二进横梁两端下方有木雕。

诒绪堂

位于歙县昌溪乡昌溪村红旗自然村，建于清代中叶。坐北朝南，正厅面阔8.6米，进深12.3米。总占地面积800平方米。正厅之后有通道至北面住屋。

诒裕堂

位于婺源县沱川乡理坑村123号。坐南朝北，砖木结构，原为清道光年间茶商余显辉宅第，以木雕完整精美著称，厅堂大梁雕刻『九世同居』，故该堂又称『九世同居』。整体保存完整。2000年被列为江西省重点文物保护单位。

怡德堂

位于歙县坑口乡阳坑村岭坑口自然村，建于清代中期。坐北朝南，砖木结构二层建筑。通面阔13.8米，通进深10.9米，占地面积约150.42平方米。主宅为三开间上下对堂四合式建筑。楼檐装有飞来椅。砖雕门楼，古朴典雅。室内木雕、窗衣、隔扇大部分已损坏。

怡德堂

位于歙县杞梓里镇小源村滩培自然村，俗称『推刨厅堂』，建于清代。坐东北朝西南，通面阔9.5米，通进深8.6米，占地面积81.7平方米。二进三开间。照壁后上楼。楼上布局与楼下同。雕梁通栋。

宜振堂

位于歙县徽城镇渔梁街马巷，建于清代中叶。坐北朝南，三进三开间。通面阔17米，通进深29.3米，占地面积498.1平方米。大堂原有『宜振堂』匾额，正立面门罩雕刻精致。现存堂右漪澜轩。2006年被列为歙县重点文物保护单位。

贻桂堂

位于婺源县浙源乡岭脚村河东自然村21号，建于清代。坐南朝北，二进三开间砖木结构二层建筑。由小院、前厅、后堂、余屋四部分组成，院门朝东，主体建筑大门朝北，水磨砖门面，门额四周砖雕，保存较为完整，前厅现存匾额一块，上书楷体『贻桂堂』。楼梯置照壁后，梁枋、门窗、雀替均有雕饰，尤其五对门窗雕刻精细。后堂装饰逊于前厅，且现有添建，西侧为余屋，有楼梯直达二楼，与主体建筑相通。整个建筑基本保存完整。2005年被列为婺源县重点文物保护单位。

彝训堂

位于婺源县沱川乡理坑村107号、110号，建于清嘉庆年间。坐南朝北，二进三开间砖木结构。通面阔10.87米，通进深11.8米，总占地面积240.3平方米。由小院、前厅、后堂、余屋四部分组成，石库门，门额四周有砖雕。内有三个浅天井，地铺青石，厅内梁枋、门窗、月梁、雀替均有雕饰。余屋为三层楼，与主体建筑等高。整个建筑结构基本完整。2005年被列为婺源县重点文物保护单位。

乙照斋

位于婺源县思口镇西冲村，为村内现存最古老的书院建筑，建于明代。占地面积240平方米。现为俞开祥宅。屋内装饰古朴，屋侧有一口半月形小水塘，建筑格局完整。2005年被列为婺源县重点文物保护单位。

以德堂

位于歙县霞坑镇洪琴村029号，建于清代。坐西北朝东南，二进三开间。通面阔9.8米，通进深13.2米，占地面积约130平方米。上下堂都有厨房，中有天井，牌匾尚存。门楼有精细砖雕。

以德堂

位于歙县北岸镇白杨村上村自然村，建于清代，为张翠琴等宅。坐北朝南，一进三开间。通面阔10.65米，通进深14.35米，占地面积152.83平方米。内有大梁，有木雕。

义敬堂

位于歙县三阳镇三阳村，建于清末。坐北朝南，二进三开间。通面阔8.45米，通进深11.35米，占地面积95.9平方米。留存竖匾一块，内部斜撑、雀替等构件有雕刻。

义塾屋

位于婺源县赋春镇甲路村，为清顺治年间张之益所建。正门侧开在巷道旁，石库门门头雕花。正堂宽敞，梁枋均有精美木雕。前后两进，有花园和后院。后进是书塾，楼上设有课堂。房子右侧是客馆。2005年被列为婺源县重点文物保护单位。

亦政堂

位于歙县杞梓里镇小源村，建于清咸丰年间。坐北朝南，一进三开间砖木结构二层建筑。通面阔5.6米，通进深11.8米，占地面积66.1平方米。青砖门罩，砖雕保存完整。上首有厨房。

亦政堂

位于婺源县浙源乡凤山村62号，查胜文宅，建于明末清初。坐西南朝东北，四进三开间砖木结构二层建筑。占地面积280平方米。由庭院、前厅、后堂、余屋组成。院门朝东北，水磨砖门面，门额四周布满砖雕，基本保存完整。庭院由门屋、客馆、前厅大门合围而成。院内的东南方有一石水缸。西北方另有侧门，前厅、后堂、院门呈中轴线对称分布，整个厅堂内地铺青石，堂内有一大石块，可供摆设十人坐桌凳，有一座宫廷式雕刻木顶床。后堂梁、门窗、雀替均有雕饰。余屋二层楼，因地基之故，高于主体建筑。现存基本保持原有建筑风格。2005年被列为婺源县重点文物保护单位。

佚名古宅

位于歙县富堨镇富堨村，建于清代。曾为富堨镇政府办公楼。坐西朝东，一进三开间。通面阔9.7米，通进深13.2米，占地面积128平方米。有楼，梁上有雕花，有门楼。

逸墨山房

位于黟县西递镇西递村，建于清代。坐北朝南，主体通面阔20.6米，通进深9.5米，占地面积172.5平方米。三开间二层建筑。

懿行堂

位于婺源县思口镇西冲村，建于清道光年间。现为俞欣祥等宅。占地面积600平方米。四进三开间。第四进屋内砌筑一口精巧的鱼池。正堂梁枋木雕为犁、耙等耕作工具。2005年被列为婺源县重点文物保护单位。

荫德堂

位于歙县霞坑镇鸿飞村78号，建于清代中叶，为冯善淦等人之宅。坐北朝南，二进三开间砖木结构二层建筑。通面阔10.1米，通进深13.6米，占地面积137平方米。大门饰有砖雕清水门楼，墙上有八卦小窗。2006年被列为歙县重点文物保护单位。

殷腊贵宅

位于黄山区乌石乡长芦村，建于清代。占地面积172.8平方米。一进三开间。前有宅院，木架结构穿斗式，水门汀地面，地沟式天井，三合土地坪，方柱，板壁，天棚望板，月梁卷棚，两厢阁楼，回廊4副木雕窗均存，天井上有檐斜撑4个。

银库屋

位于婺源县思口镇思溪村，茶商俞树玖建于清代中叶。占地面积483平方米。为『兴泰里』茶号的藏银库房。屋内雕刻精美，四周墙面全用厚实青石砌成，以防外贼凿墙入室偷盗，颇具特色。2006年被列为婺源县重点文物保护单位。

尹春保宅

位于黄山区新丰乡丰溪村东北部，建于清代。占地面积195平方米，高7.1米。一进五开间。木架结构穿斗式，斜方格纹水门汀地面，地沟式天井，直通五间，板壁墙，圆柱方梁，天棚望板。

尹明珠宅

位于绩溪县瀛洲镇仁里村133号，建于清代晚期。坐东北朝西南，占地面积215平方米。三进二层建筑。硬山式屋顶，外围封火墙，三合土地坪。前进为正厅，东西厢房，撑拱承挑出檐；中进为客厅，东西厢房；后进为附属房。室内木构件精美。

膺福堂

位于黟县西递镇西递村，清代二品贡生胡尚赠故居，建于清康熙年间。坐东朝西，通面阔11.5米，通进深15.9米，占地面积183平方米，总建筑面积516平方米。三进四合式三层建筑。大门砌有四柱三间五楼的贴墙门楼，用水磨砖砌成『八』字墙，门楼砖雕工艺精湛，大门入口处设置门厅，大厅前为天井，天井四周的斜撑木雕呈倒爬狮状，天井厢房装有木雕隔门，上厅居室装有双层花扇，雕寒梅花纹。2001年被列为全国重点文物保护单位。

应云龙宅

位于绩溪县华阳镇水圳塝下41号，建于清代后期。坐北朝南，占地面积200平方米。二进三开间。前进置天井，外围封火墙。室内的斜撑、雀替、漏窗均有精美雕刻。西侧为附属建筑，前有一庭院。

永成堂

位于歙县杞梓里镇外磻村，建于清末。一进三开间砖木结构二层建筑。通面阔 8.26 米，通进深 9 米，占地面积约 74.34 平方米。门楼有砖雕。

永德堂

位于歙县北岸镇白杨村上祈自然村，建于清代。坐西朝东，一进三开间。通面阔 10.5 米，通进深 11.1 米，占地面积 116.55 平方米。前有 40 平方米的小院。门楼有砖雕，内有诸多精美木雕，正厅中有『永德堂』匾额。

永和堂

位于歙县杞梓里镇六合村，建于清同治年间。坐东北朝西南，三进三开间砖木结构二层建筑。通面阔9.3米，通进深12米，占地面积约111.6平方米。青石门框，砖雕门楼。

永思堂

位于婺源县段莘乡庆源村，清乾隆年间朝议大夫詹升阳故居。占地面积600平方米。三开间带二厢二天井。门楼砖雕精美，寓意深远。内部梁、枋、窗门有木雕。堂前正中地面上嵌有一块青石质地的镂空铜钱图案。整体保存较好。屋前左侧有流水入庭院，可洗衣濯菜。庭院墙外有一株三百多年树龄的香椿树，树干上爬满了藤本植物『凉粉』。2005年被列为婺源县重点文物保护单位。

永馨堂

位于歙县北岸镇瞻淇村379号，建于清代。坐东朝西，二进三开间。占地面积110.92平方米，前有小院34平方米。南依厨房。门楼有砖雕，内有诸多木雕。斜撑木雕狮子较为精美。

永兴堂

位于婺源县镇头镇游山村，建于清光绪年间。占地面积200平方米。现为董盛光宅。青石门柱、门坊的砖雕精湛，梁枋门扇的木雕细琢，巧夺天工。特别是第二片隔窗上的『烟红店』，其木雕图案选材绝无仅有。2005年被列为婺源县重点文物保护单位。

攸宁堂

位于黟县宏村镇宏村，建于清代中期。坐北朝南，三开间二层建筑。占地面积234平方米。木构架保存完整，房前有大院。

由礼堂

位于婺源县江湾镇江湾村，建于明末。占地面积500平方米。三进二天井三层建筑。后为村中首屈一指的巨贾富商『滕百万』所建，又称『滕家老屋』。清乾隆年间，富商江有炎买下后在老屋的南边建起了一栋客厅，又加建了厨房、余屋，形成现在的格局。由礼堂的一个特别之处是，墙面上的每块砖的侧面，都有一个『滕』字。正堂金砖铺地，悬挂『由礼堂』匾额。正屋侧是厨房和农舍，农舍有手工制茶的作坊。2006年被列为江西省重点文物保护单位。

油芯行

位于休宁县万安镇轮车村上轮车自然村，建于清代。占地面积165.98平方米。前店后坊式，曾为休宁唯一一家经营蜡烛芯的商行。前为店铺，外作凉亭，中为住宅，后为作坊，四合式布局。其斜撑雕刻花卉图案，木隔扇窗饰方格，地面铺设经条石，地袱石雕花卉，柱础方形。北墙面绘花卉，二楼楼板外饰罗马柱。

友竹居

位于婺源县思口镇西冲村，建于清乾隆年间。现为邵梅弟宅。占地面积360平方米。院中有院，是主人交友待客之所，屋中正堂悬挂『友竹居』匾额。2005年被列为婺源县重点文物保护单位。

于秀华宅

位于徽州区岩寺镇广惠居委会向阳巷，建于清代。坐北朝南，建筑面积192.27平方米。三开间带二厢二层建筑。正屋三间分割，明间为厅，两次间为住房，柱头有夔龙斜撑。后进与前进相反，堂屋与前进一样形制。

余宝梧宅

位于婺源县沱川乡理坑村56号，建于清代。坐西朝东，前厅为二层楼，后堂为三层楼，正屋二进三开间砖木结构。面阔8米，进深6.8米，总占地面积102.6平方米。大门朝北，石库门，前厅地铺青石，浅天井，有两正房，梁枋、门窗、雀替均有雕饰，天井左右有1对狮子梁柁，均保存较完好，但施朱漆，后堂天井由3块大青石靠墙围成，堂内地铺青石，局部铺水泥，整体结构保存基本完整。2005年被列为婺源县重点文物保护单位。

余炳涛宅

位于黟县碧阳镇钟山村余光组，建于清末。坐北朝南，通面阔8.55米，通进深5.94米，占地面积60.1平方米。三开间砖木结构二层建筑。木构架、隔扇保存较好。

余财源宅

位于婺源县沱川乡理坑村130号，建于清代。坐西朝东，三进三开间砖木结构二层建筑。正堂面阔10.9米，进深17.7米，总占地面积280.29平方米。由前厅、后堂、余屋三部分组成，厅中为天井，寓意『四水当堂』，地铺青石，天井明堂内现存一石方水缸，木构件门窗、雀替、护净均有雕饰，图案基本保存完整，余屋结构简练，空间较狭小，现为厨房。整个建筑保存完整。2005年被列为婺源县重点文物保护单位。

余昌国宅

位于黟县碧阳镇北街社区，建于清末。坐西南朝东北，通面阔9.85米，通进深8.5米，占地面积87.2平方米。三开间带二厢有天井砖木结构二层建筑。木构架承重，木构架、装修等较完整，构配件、隔扇等木雕保存较好。2014年被列为黟县重点文物保护单位。

余长科宅

位于婺源县沱川乡河西村146号，建于明代。坐西朝东，二进三开间。深天井，由前厅、后堂两部分组成，大门朝东，水磨砖门面，前厅左右两正房、两厢房，地铺大青石，后堂中为天井，形成一走马楼。平面呈长方形，基本保存完整，木构件除雀替刻有『万字钩锁』图案，其他光素无纹，明代建筑遗风犹存。2005年被列为婺源县重点文物保护单位。

余朝飞宅

位于黟县碧阳镇钟山村余光组，建于清末。坐北朝南，通面阔8.1米，通进深12.15米，占地面积98.4平方米。三开间上下厅中天井砖木结构二层建筑。

余春民宅

位于休宁县蓝田镇培源村秋川自然村，建于清代。坐东北朝西南，一进三开间。占地面积51.37平方米。门罩砖雕以花草、变形『寿』字、人物、狮、楼阁为主，立柱及柱础方形，柱础雕刻花卉、动物(兔)，地铺青石板，雀替雕花卉，斜撑雕倒挂狮。

余春生等宅

位于休宁县海阳镇齐宁社区里仁巷1号，建于清代。坐东北朝西南，四合式布局。占地面积150.42平方米。柱础方形，雀替雕花卉，斜撑饰花草，大梁方形。

余春松、余春庭宅

位于黟县西递镇叶村利源自然村，建于清代。坐西朝东，通面阔9.24米，通进深5.44米，占地面积50.3平方米。三开间二层建筑。木铺楼板，三合土斜方格地面。

余大铎、余大铨宅

位于黟县碧阳镇北街社区，建于清代。主楼坐西朝东，前院配以厢房，坐南朝北，通面阔11.1米，通进深16.15米，占地面积162.6平方米。主楼为三开间有天井砖木结构二层建筑。木构架承重，木构架、装修等完整，构配件、隔扇、飞罩、门楼等雕刻精致，保存完整。2014年被列为黟县重点文物保护单位。

余道琼一号宅

位于黟县碧阳镇北街社区，建于清末。坐西南朝东北，通面阔9.5米，通进深7.4米，占地面积70.3平方米。三开间有天井砖木结构二层建筑。木构架承重，木构架、装修等完整，构配件、隔扇等木雕精致，保存完整。

余德辉、周代旺宅

位于黄山区仙源镇龙山村水关组，建于清代。二进三开间。占地面积63平方米，高约5米。木架结构穿斗式，水门汀地面，地沟式天井。

余德龙宅

位于黟县西递镇叶村村利源自然村，建于清代。坐西朝东，通面阔8.49米，通进深8.83米，占地面积76平方米。三开间二层建筑。后檐墙门通厨房。木铺楼板，三合土斜方格地面。门楼及隔扇窗制作及保存较好。

余德勋宅

位于歙县北岸镇白杨村西村自然村，建于清代。坐西北朝东南，二进三开间。通面阔8.9米，通进深12.56米，占地面积111.78平方米。门楼有砖雕，较精美，内部有部分木雕。

余德钰宅

位于歙县北岸镇白杨村西村自然村，建于清代。坐东朝西，二进三开间。通面阔8.45米，通进深7.45米，占地面积62.95平方米。门楼有砖雕，内有诸多木雕，非常精美。斜撑木雕八仙，窗雕人物，正厅上方有『崇德堂』匾额。

余棣权宅

位于黟县碧阳镇石亭村，建于清代。坐北朝南，通面阔9.25米，通进深14.05米，占地面积130平方米。三开间上下堂带二厢中天井二层建筑。隔扇门窗、横风窗和砖雕门楼基本保存完好。

余定龙宅

位于黟县宏村镇龙江村蓬厦组，建于清代。坐北朝南，通面阔10.55米，通进深9.8米，占地面积103.4平方米。三开间带二厢厅堂式有天井二层建筑。正面大门，照壁后上楼。三合土地坪，木构架及构配件保存较完整。

余发征宅

位于黟县碧阳镇北街社区，建于清末。坐西南朝东北，通面阔9.8米，通进深10米，占地面积98平方米。三开间有天井砖木结构二层建筑。照壁后上楼，木构架承重，木构架、装修等较完整，门楼完好。

余高文宅

位于黟县宏村镇宏村，建于清代。坐东朝西，占地面积370平方米。二进三开间二层建筑。前为四合式，后为三间，前后设有2个天井。一楼建筑保存完整，西侧有大院，南向有小院。

余根富宅

位于黄山区永丰乡岭上村老街后，建于清代。占地面积118平方米。二进三开间一天井。天井下明堂平铺式，板壁墙，望砖卷棚，斜方格纹水门汀地面，地面距屋顶6.3米。

余观祖等宅

位于休宁县汪村镇田里村088号，建于清代。坐东朝西，占地面积122.81平方米。共两进。第一进三开间，铺青石地板，立柱及柱础皆方形，雀替雕花卉，梁雕如意，斜撑雕倒挂狮，楼栏板下沿雕花卉、凤凰等，木隔扇窗饰方格、花卉；第二进假四合式，雀替雕如意。

余广理等宅

位于休宁县山斗乡山斗村，建于清代。坐北朝朝，占地面积195.49平方米。共两进。门罩砖雕亭台楼阁、人物、松树、瑞兽，内墙嵌青石碑，上刻『竹苞松茂』。第一进三开间，斜撑雕倒悬狮，额枋、雀替雕松鹿、花卉，地铺白麻石，裙板雕蝙蝠、土龙等；第二进四合式，斜撑雕松树、人物，额枋、雀替雕花卉，裙板雕喜鹊登梅、松竹等。

余国富宅

位于黟县宏村镇龙江村蓬厦组，建于清代。坐西北朝东南，通面阔10.28米，通进深9.36米，占地面积96.2平方米。三开间带二厢有天井二层建筑。右厢侧耳门通外，照壁后上楼。木构架、装修保存较完整。

余国培宅

位于黟县碧阳镇柏山村榆村组，建于清代。坐北朝南，通面阔9.6米，通进深7.25米，占地面积69.6平方米。三开间带二厢有天井砖木结构二层建筑。

余国清宅

位于黟县碧阳镇古黄村黄村组，建于清末。坐西朝东，通面阔10.55米，通进深6.95米，占地面积73.3平方米。一进三开间一天井二层建筑。隔扇门窗基本完好，天花板彩绘。

余国庆宅

位于歙县绍濂乡五丰村，建于清代。原占地面积900多平方米，『文革』中大部分建筑被毁，仅剩此宅。坐西朝东，一进三开间带天井。通面阔8.3米，通进深6.8米，占地面积56.44平方米。天井西侧各有吊楼，楼上有一排木雕批门。

余国色宅

位于休宁县汪村镇田里村089号，建于清代。坐东朝西，二进三开间。占地面积80.04平方米。大门开边墙。一进雀替雕花卉，立柱及柱础均方形，天井处铺青石板，木隔扇窗饰方格；二进无雕刻，结构较简单。

余国威宅

位于黟县碧阳镇柏山村中历组，建于清末。坐北朝南，通面阔10米，通进深8.4米，占地面积84平方米。三开间砖木结构二层建筑。彩绘天棚。

余涵青宅

位于黟县碧阳镇钟山村余光组，建于清代。坐北朝南，通面阔9.35米，通进深8.2米，占地面积76.7平方米。三开间带二厢有天井二层建筑。

余和松宅

位于休宁县万安镇潜阜村上渡自然村，建于清代。坐北朝南，一进三开间。占地面积68.1平方米。门檐砖雕四季花卉，中间匾额嵌有『迎秀』二字。柱础方形，地面为水磨石金砖铺就，木隔扇窗饰大方格和花卉图案。

余荷花宅

位于歙县北岸镇北岸村前坝自然村，建于清代。坐北朝南，二进三开间。通面阔9.55米，通进深14.55米，占地面积138.95平方米。门楼有砖雕，内有诸多木雕斜撑，皆较精美。

余红二宅

位于徽州区西溪南镇坑上村伊坑自然村，建于清代。坐西朝东，建筑面积108.37平方米。三开间上下对堂二层建筑。门厅向天井一披水平房，两次间为住房。上堂三间分割，明间为厅，次间为房。楼上三间分割，明间为厅，次间为房。

余惠华、叶泽远宅

位于黟县碧阳镇莲花塘024号，建于清代。坐北朝南，占地面积84.92平方米，建筑面积142.56平方米。正厅三开间为一明两暗布局。二层楼梯顶设有神龛，底层厅堂、厢房天棚有彩绘，廊为暖厢。整体保存完好。2014年被列为黟县重点文物保护单位。

余惠姣宅

位于黟县宏村镇大同村郭村自然村，建于清代。坐北朝南，通面阔9.47米，通进深7.55米，占地面积71.5平方米。三开间带二厢有天井二层建筑。照壁后上楼，右厢侧耳门通厨房。

余季吉宅

位于歙县森村乡满田村，建于清末。坐南朝北，三进带二厢中天井二层建筑。通面阔9.9米，通进深16.05米，占地面积158.9平方米。两厢有屏门相隔，青石拦边，梁撑、斗拱有木雕。

余加六、余国文宅

位于徽州区西溪南镇坑上村伊坑自然村，建于清代。坐西朝东，建筑面积120.81平方米。三开间上下对堂二层建筑。门厅西次间装房。上堂三间分割，明间为厅，次间为房。楼上沿天井一圈无格子门装修，仅房间部分留有双开格子门，无地砖，无望砖。

余家老宅

位于黟县碧阳镇北街社区费家弄29号，建于清代。坐西朝东，通面阔10.75米，通进深20.3米，占地面积218.2平方米。二进三开间前后厅有天井砖木结构二层建筑。木构架承重，木构架、装修等较完整。2017年被列为黄山市重点文物保护单位。

余家众厅

位于歙县绍濂乡五丰村，建于清代。坐西朝东，二进五开间上下对堂中天井。通面阔13.3米，通进深12.6米，占地面积167.6平方米。上下堂西侧的门窗全部损坏。

余金洪、余金瑞宅

位于黟县西递镇叶村利源自然村，建于清末。坐北朝南，通面阔10.79米，通进深5.07米，占地面积49.3平方米。四开间二层建筑。东边间上楼。木铺楼板，三合土斜方格地面。

余金喜宅

位于歙县森村乡渔岸村，建于清末。坐南朝北，一进三开间。通面阔7.2米，通进深9.45米，占地面积68平方米。内有天井，上下两屋。门庭有精美砖雕，内圆柱方梁，左侧有屏风间隔。

余锦文、余锦坤宅

位于歙县富堨镇中溪村三田自然村，建于清代。坐北朝南，一进三开间楼房。通面阔9.4米，通进深7.2米，占地面积67.7平方米。前有小院，东为厨房。门楼有简易砖雕，上下有漏窗。

余敬成宅

位于婺源县沱川乡河西村篁村自然村，原名『择善堂』，建于清代初期。占地面积约180平方米。二进三开间三天井四合式二层建筑。进门左侧为客房。上、下厅为对朝堂。楼上为走马楼。房门、窗门、梁枋、梁柁、花窗木雕精美。西边偏屋和后面厦屋均为厨房。2005年被列为婺源县重点文物保护单位。

余坤等宅

位于休宁县海阳镇齐宁社区百客厅巷1号，建于清同治十一年(1872)。坐北朝南，二进三开间。占地面积124.41平方米。前进柱础、大梁皆方形，雀替雕花卉。后进地面铺红砂石板，柱础方形，雀替雕花卉，木隔扇窗饰花卉及几何图案。

余来政宅

位于歙县北岸镇大阜村，建于清代。坐东朝西，一进三开间楼房。通面阔7.9米，通进深8.3米，占地面积65.57平方米。有诸多门楼砖雕和内部木雕，较精美。

余立民宅

位于黟县碧阳镇麻田社区，建于清代。坐北朝南，通面阔9.9米，通进深15.65米，占地面积154.9平方米。二进三开间二层建筑。左、右厢通外路。

余丽华宅

位于黟县碧阳镇北街社区，建于清末。坐西朝东，通面阔9.7米，通进深12.35米，占地面积119.8平方米。二进三开间前后厅带二厢有天井砖木结构二层建筑。条砖铺地，木构架承重，木构架、装修等较完整，构配件、隔扇等制作较好，保存较完整。2014年被列为黟县重点文物保护单位。

余利生、汪用基宅

位于黟县碧阳镇星火村闾山自然村，建于清代。坐东朝西，通面阔10米，通进深15.05米，占地面积150.5平方米。三开间上厅下堂带二厢有天井砖木结构二层建筑。木构架承重，房屋木构架、装修较完整，构配件、隔扇、门楼等制作较好。

余利祥宅

位于黟县宏村镇大同村王家山自然村，建于清代。坐西朝东，通面阔8.93米，通进深7.6米，占地面积67.9平方米。三开间带二厢有天井二层建筑。前檐墙右边门通厨房，照壁后上楼。

余连爱宅

位于休宁县蓝田镇前川村石岭自然村，建于清代。占地面积60平方米。一进三开间。地面铺青石板，立柱、柱础方形，雀替雕花卉，斜撑雕倒悬狮，木隔扇窗雕饰蝙蝠、花卉，裙板雕花卉。

余连爱宅

位于黟县宏村镇大同村邕川口自然村，建于清代。坐西朝东，通面阔8.35米，通进深6.4米，占地面积52.6平方米。三开间带二厢有天井二层建筑。左厢耳门通厨房，照壁后上楼。

余连珠宅

位于黟县西递镇西递村，建于清乾隆年间。坐西朝东，通面阔10.6米，通进深10.65米，建筑面积144.9平方米，占地面积112.9平方米。三开间二层建筑。

余良宅

位于黟县碧阳镇柏山村中历自然村，建于清代。坐西北朝东南，通面阔10.65米，通进深15.2米，占地面积161.9平方米。三开间上下厅中天井带二厢砖木结构二层建筑。木雕构配件和隔扇、横风窗及门楼制作较好。

余龙眉宅

位于黟县西递镇西递村株林自然村，建于清末。坐东朝西，通面阔12.14米，通进深6.45米，占地面积78.3平方米。三开间带二厢有天井二层建筑。右厢侧耳门通厨房，屋前有小溪。三合土斜方格地面。

余龙生宅

位于黟县西递镇叶村利源自然村，建于清代。坐南朝北，通面阔8.06米，通进深10.25米，占地面积82.6平方米。三开间带二厢有天井二层建筑。后檐墙通厨房。木铺楼板，三合土斜方格地面。

余隆新宅

位于黟县西递镇叶村利源自然村，建于清代。坐西朝东，通面阔11.87米，通进深5.89米，占地面积69平方米。三开间二层建筑。木铺楼板，三合土斜方格地面。

余庆堂

位于歙县昌溪乡昌溪村周邦头自然村023号，建于明代。坐东北朝西南，二进五开间二层建筑。通面阔13.5米，通进深18米，占地面积243平方米。大门上有门罩砖雕。门前2米处有照壁。前厅梁柁、雀替有雕刻，檐柱有斗拱。

余庆堂

位于婺源县沱川乡篁村，余氏宗祠，建于明永乐年间。占地面积约500平方米。门楼为五凤楼式，自上而下呈『八』字形展开。门楼正中横嵌『始基甲第』四个浮雕大字，均有精细砖雕，图案有彩凤、仙鹤、麒麟、鳌鱼、莲花等。前堂、享堂和寝堂，前低后高，分三级提升。前堂、享堂均为单层，而寝堂为两层。前堂与后堂之间有大型水檐天井，砌深沟坍池。后堂与寝堂之间亦有一水檐天井。享堂中央方砖铺地，其余则是青石板地面。梁柱之间有梁柁、斗拱、蜂窝拱等构件，有雕琢，古朴大方。2006年被列为全国重点文物保护单位。

余庆堂

位于婺源县思口镇延村，建于清乾隆年间。二进三开间前后天井二层建筑。占地面积280平方米，为茶商金时秋商宅。前有小院，正屋为石库门，砖雕门罩精美，整体呈『商』字形，两侧厢房隔门木雕精美，后天井置有『镇宅缸』，由整块麻石凿成。2006年被列为婺源县重点文物保护单位。

余庆田宅

位于婺源县沱川乡理坑村57号，建于清代。坐北朝南，二进三开间砖木结构二层建筑。通面阔11.7米，通进深9.7米。石方素础，由小院、前厅、后堂、余屋四部分组成。院门为券门，前厅门为石库门，单檐式，厅内地铺青石，浅天井，梁枋、月梁、门窗、雀替、护净均有雕饰，天井左右1对狮子梁柁保存基本完整，后堂建筑格式略逊于前厅，与余屋一墙之隔，合用一天井，基本保存完整。2005年被列为婺源县重点文物保护单位。

余全虎、罗妙基宅

位于黟县碧阳镇钟山村余光自然村，建于清末。坐北朝南，通面阔9米，通进深7.2米，占地面积64.8平方米。三开间砖木结构二层建筑。木构架及装修雕刻较好。

余全新、吴春荣宅

位于黟县碧阳镇钟山村余光自然村，建于清末。坐北朝南，通面阔10.15米，通进深9.35米，占地面积94.9平方米。三开间砖木结构二层建筑。木构架及木装修、雕刻较好。

余全营宅

位于黟县碧阳镇古黄村古筑组，建于清末。坐北朝南，通面阔9.65米，通进深7米，占地面积67.6平方米。三开间砖木结构二层建筑。彩绘天棚，有楼行栏杆，有木雕装修，制作较好。

余瑞凤宅

位于黟县西递镇叶村利源自然村，建于清代。坐北朝南，通面阔11.6米，通进深5.22米，占地面积60.7平方米。三开间二层建筑。右边为厨房。木铺楼板，三合土斜方格地面。

余厦生宅

位于歙县绍濂乡五丰村，建于清末。坐北朝南，二进三开间。通面阔10米，通进深15.8米，占地面积158平方米。『破四旧』期间损失少数木雕，门楼有砖雕，内部窗栏、斜撑、隔扇等构件有雕刻。分为上堂、天井、下堂、前院。上下堂各有吊楼，天井各有6扇木雕批门，上下堂过厢、门上雕有『八仙』宝器。

余善祥宅

位于黟县宏村镇宏村，建于清代。坐北朝南，主体通面阔9米，通进深10.5米，占地面积157平方米。

余社望宅

位于绩溪县伏岭镇湖村20号，建于清代晚期。坐北朝南，占地面积115平方米。一进三开间二层建筑。抬梁穿斗并用式梁架，三合土地坪，外围封火墙，大门开在南山墙，有垂花式砖雕门罩，两厢房上部有镂空木雕『松鹤延年』『梅兰竹菊』等。

余申芳宅

位于黟县碧阳镇南屏村，建于清代。坐北朝南，通面阔9.35米，通进深6.2米，占地面积47平方米。三开间带二厢有天井砖木结构二层建筑。木构架承重。

余寿昌宅

位于黟县碧阳镇钟山村，建于清代。坐北朝南，通面阔7.6米，通进深8.15米，占地面积61.9平方米。三开间带二厢有天井砖木结构二层建筑。隔扇门窗较好。

余寿全宅

位于黟县碧阳镇钟山村余光自然村，建于清代。坐北朝南，通面阔9.45米，通进深14.45米，占地面积136.6平方米。二进三开间带二厢二天井二层建筑。有隔扇、木配构件及砖门楼保存较好。

余寿太宅

位于黟县碧阳镇北街社区，建于清末。坐西朝东，二进三开间前后背厅带二厢带天井砖木结构二层建筑。开间9.45米，进深14.5米，占地面积136.6平方米。前后各设入口大门，中间设楼梯。木构架承重，三开砖空斗墙围护，小青瓦屋面，大方砖地面，木构架、装修等保存较完整。2014年被列为黟县重点文物保护单位。

余淑芳宅

位于黟县碧阳镇北街社区，建于清代。坐西朝东，通面阔9.15米，通进深6.9米，占地面积63.1平方米。三开间有天井砖木结构二层建筑。木构架承重，木构架、装修等较完整。

余淑娟宅

位于黟县碧阳镇星火村陈闾组，建于清代。坐北朝南，通面阔9.8米，通进深11.05米，占地面积108.3平方米。三开间上厅下堂带二厢有天井砖木结构二层建筑。木构架承重，木构架、装修等较完整，构配件、隔扇木雕制作较好，门楼完好。

余淑利宅

位于黟县宏村镇际村，建于清代。坐西朝东，通面阔8.3米，通进深7.19米，占地面积59.7平方米。三开间带二厢有天井二层建筑。照壁后上楼，右厢侧耳门通厨房，后檐墙门通外。三合土斜方格地面，木配件及隔扇制作较好。

余斯兑宅

位于歙县北岸镇白杨村西村自然村，建于清代。坐西朝东，二进三开间。由左右两幢组成。左幢通面阔7.7米，通进深8米，占地面积61.6平方米，前有院子，占地面积22.44平方米。右幢通面阔9.1米，通进深13.55米，占地面积123.31平方米。门楼有砖雕，内有木雕，较精美。

余松圭宅

位于休宁县蓝田镇贵川村，建于清代。占地面积150.31平方米。二进二层建筑。第一进四合式，地铺青石板，柱础方形，门罩砖雕饰土龙、瑞兽、宝瓶、元宝、楼阁，雀替及月梁雕花卉、松鹿等，斜撑雕倒悬狮，木隔扇窗饰花卉、方格，裙板雕『寿』字、花鸟、人物。第二进三开间，雀替雕花卉，斜撑雕宝瓶、花卉，木隔扇窗雕蝙蝠，裙板雕八宝、蝙蝠、寿桃、花卉、土龙。二楼栏板下檐雕花卉、蝙蝠等。

余松茂宅

位于婺源县沱川乡河西村篁村自然村，『始基甲第』西面，建于明末。坐北朝南，由前、后堂和客馆三部分组成。占地面积约260平方米。前堂四开间带二厢，天井两边花枋各雕一组人物图案，靠天井墙两边的平板托榫上均雕天官像。正堂梁上及两边的额枋上均雕有花鸟图案，正中『誉流惇史』木匾为清乾隆七年（1742）探花马宏琦所书。2005年被列为婺源县重点文物保护单位。

余松宅

位于黟县碧阳镇南屏村，又名『望云轩』，建于清代。坐西朝东，通面阔9.45米，通进深7.65米，占地面积72.3平方米。三开间砖木结构二层建筑。木构架承重。

余文进宅

位于婺源县沱川乡理坑村，建于明代。坐西朝东，一进三开间砖木结构三层建筑。通进深7.25米，通面阔15.25米，占地面积132.7平方米。内深天井，木架结构穿斗式，木构件光素无纹，厅屋地铺木板，两正房。整个建筑明代风格明显。2005年被列为婺源县重点文物保护单位。

余希贤宅

位于黟县碧阳镇南屏村，建于清末。坐西南朝东北，通面阔10.1米，通进深7.7米，占地面积77.8平方米。三开间带二厢有天井砖木结构二层建筑。木构及门窗制作较好。

余小和等宅

位于黄山区甘棠镇大桥村赵二组，建于清代中晚期。占地面积469.8平方米。三进五开间。木架结构穿斗式，水门汀地面，中进花砖墙，前两进屋顶有望砖。前后堂各有天井，中进有月梁1对、斜撑6个，现存梁袱1对。

余小龙宅

位于歙县徽城镇古关村，建于清代。坐南朝北，一进三开间砖木结构二层建筑。通面阔10米，通进深9.6米，占地面积96平方米。曾改建。大门有简易门楼。

余小奶宅

位于黟县西递镇叶村，建于清末。坐西朝东，通面阔12.7米，通进深5.26米，占地面积70.1平方米。三开间带二厢有天井二层建筑。左厢侧耳门通厨房，右厢侧耳门为入口，三合土地坪。

余心权、余家福宅

位于歙县狮石乡公坦村，建于清代。通面阔35.2米，通进深6.3米，占地面积221.8平方米。两层土楼。内部松木、杉木结构。有楼板、楼梯等。

余新华宅

位于黟县碧阳镇横岗村，建于清末。坐西朝东，通面阔10.6米，通进深9.35米，占地面积99.1平方米。二进三开间一天井二层建筑。『黟县青』天井地坪石板。

余新华宅

位于黟县碧阳镇钟山村余光组，建于清代。坐北朝南，通面阔9.75米，通进深6.4米，占地面积62.1平方米。三开间（加通道）带二厢有天井砖木结构二层建筑。

余兴业宅

位于休宁县海阳镇齐宁社区三板桥巷11号，建于清代。坐东朝西，八合式布局。占地面积101.83平方米。地面铺红砂石板，柱础方形，木隔扇窗、裙板雕花卉，地袱石装饰『卍』字。

余秀福等宅

位于黟县碧阳镇柏山村姚村组，建于清末。坐西朝东，通面阔9.8米，通进深18.45米，占地面积180.8平方米。二进三开间二天井砖木结构二层建筑。前进为上下厅，中天井。

余秀眉宅

位于黟县碧阳镇钟山村余光组，建于清末。坐北朝南，通面阔9.2米，通进深7.75米，占地面积71.3平方米。三开间二层建筑。

余延升、余延贤宅

位于徽州区西溪南镇坑上村伊坑自然村，建于清代。坐西朝东，建筑面积132.51平方米。三开间上下对堂二层建筑。下堂三间分割，明间为门厅，两次间为房，柱头雕刻精美的『和合二仙』斜撑。上堂三间分割，明间为厅，两次间为房。楼上走马楼，明间为厅，次间为房。

余艳祥宅

位于休宁县五城镇月潭村望水楼7号，建于清代。坐北朝南，东墙开大门。占地面积270平方米。门罩砖雕花卉、人物、鸟禽等。

余艺华宅

位于黟县碧阳镇柏山村中历组，建于清代。坐西北朝东南，通面阔9.85米，通进深8.25米，占地面积81.3平方米。三开间带二厢有天井砖木结构二层建筑。

余益慈等宅

位于休宁县海阳镇齐宁社区里仁巷16号，建于清代。坐东朝西，共三进。占地面积566.32平方米。第一进四合式，地面铺水磨砖，柱础圆鼓状，雀替、斜撑雕饰花卉，地袱石装饰宝瓶、花卉。第二进四合式，柱础方形，雀替雕土龙，裙板雕几何纹。第三进亦四合式，柱础圆鼓状，雀替雕土龙，木隔扇窗饰方格。

余银娟宅

位于绩溪县华阳镇城隍街14号，建于清代后期。坐北朝南，占地面积160平方米。一进三开间东西厢房二层建筑。东侧为厨房和附属房，三合土地坪，外围封火墙，室内的斜撑和雀替均有精美的雕刻。主体结构完整，保存较好。

余永良、余志忠宅

位于黟县西递镇叶村利源自然村，建于清代。坐西朝东，通面阔9.28米，通进深6.53米，占地面积60.5平方米。三开间有天井二层建筑。右边有偏屋。木铺楼板，三合土斜方格地面，隔扇窗、梁、斜撑、雀替等制作精致。

余有迪宅

位于黟县西递镇叶村利源自然村，建于清末。坐西朝东，通面阔9.45米，通进深10.69米，占地面积101平方米。三开间带二厢有天井二层建筑。照壁后上楼。青条石铺就阶沿及明堂。砖、木、石构配件及装修等制作较好。

余有红宅

位于歙县郑村镇郑村，建于清代。坐北朝南，一进三开间。通面阔14.2米，通进深8.5米，占地面积120.7平方米。前有天井，两边有子门，西边有小门。雀替等构配件有简易雕刻，方砖铺地。

余郁文宅

位于黟县碧阳镇北街社区，建于清末。坐西朝东，通面阔8.5米，通进深11.8米，占地面积103平方米。二进三开间前后厅有天井砖木结构二层建筑。木构架承重，三开砖空斗墙围护，小青瓦屋面，条砖铺地。木构架、装修等较完整，构配件、隔扇、门楼等制作较好，保存较完整。

余跃飞宅

位于黟县宏村镇大同村郭村组，建于清末。坐北朝南，通面阔8.9米，通进深6.95米，占地面积61.9平方米。三开间带天井二层建筑。门窗保存基本完整，天井完好，大方砖地面。

余跃基二号宅

位于黟县碧阳镇钟山村余光组，建于清末。坐北朝南，通面阔9.25米，通进深9.65米，占地面积80平方米。三开间砖木结构二层建筑。木构架及装修制作较好。

余跃基一号宅

位于黟县碧阳镇钟山村余光组，建于清代。坐南朝北，通面阔8.95米，通进深8.55米，占地面积76.5平方米。三开间带二厢有天井砖木结构二层建筑。彩绘天棚，隔扇、飞罩、楼行栏杆保存较好。

余允怡宅

位于徽州区西溪南镇坑上村伊坑自然村，建于清代。坐西朝东，建筑面积130.71平方米。三开间上下对堂二层建筑。门厅房间窗栏雕有戏曲人物，柱头有『和合二仙』『刘海戏金蟾』木雕斜撑。上堂房间窗栏雕人物，柱头有『天官赐福』木雕斜撑。

余灶基、余建华宅

位于黟县碧阳镇钟山村余光组，建于清末。坐北朝南，通面阔8.7米，通进深6.5米，占地面积62.6平方米。三开间砖木结构三层建筑。彩绘天棚，木构架及装修较好。

余芷生宅

位于黟县碧阳镇钟山村余光组，建于清末。坐北朝南，通面阔8.85米，通进深15米，占地面积132.8平方米。二进三开间砖木结构二层建筑。彩绘天棚，木构、装修、门楼较好，雕刻精致。

余志玉、余志品宅

位于徽州区西溪南镇坑上村伊坑自然村，建于清代。坐西朝东，建筑面积181.78平方米。三开间上下对堂二层建筑。门厅两次间为住房，窗双开隔扇门雕花，栏板雕戏曲人物，柱头有『和合二仙』木雕斜撑。上堂三间分割，明间为厅，次间为房，雕刻精美。

俞翠琴等宅

位于休宁县五城镇五城村五城老街，建于清代。坐东南朝西北，共两进。占地面积243.5平方米。第一进三开间，地铺白麻长条石，柱础为多边圆鼓状，雀替雕刻卷云，斜撑雕刻倒悬狮及龙首鱼尾图案；第二进四合式，门罩砖雕花草、瑞兽及变形『寿』字，地铺白麻条石，柱础圆鼓状，木隔扇窗饰方格，裙板饰花草、卷云。

俞德寿宅

位于婺源县思口镇上龙腾村，建于清代中期。占地面积120平方米，一进二层建筑。后为厨房余屋。浅坑明堂，前有1米多高的护墙石板。正堂八仙桌下为一块1.2米见方的团圆石。正梁下方有一块3.38米×0.75米的巨型石板。2005年被列为婺源县重点文物保护单位。

俞建华宅

位于婺源县江湾镇汪口村，建于清末，占地面积220平方米。三进三开间。侧门开于小巷，墙体斑驳，内有小院，石库门，砖雕装饰；正堂梁枋木雕装饰简洁，左右有厢房。2005年被列为婺源县重点文物保护单位。

俞金瑞等宅

位于歙县徽城镇问政村，建于清代。坐北朝南，通面阔10米，通进深6.39米，占地面积63.9平方米。砖木结构二层建筑。

俞均淦宅

位于休宁县岭南乡溪西村，建于清代。占地面积113.77平方米。门罩坐西北朝东南，一进三开间。砖雕饰草龙及『福』『寿』『发』等字，大门木雕花卉，雀替雕刻花卉，斜撑、额枋饰人物，地面铺水磨石金砖，木隔扇窗饰方格，裙板饰人物、瑞兽。

俞泮尧宅

位于婺源县江湾镇汪口村老街，建于清光绪年间。一进带四厢中天井跑马楼式二层建筑。占地面积150平方米。临街建有小院，开侧门，门额上书『秀挹东山』；正屋门楼为石库门砖雕，高大气派。屋内木雕装饰简洁。2005年被列为婺源县重点文物保护单位。

俞如意等宅

位于歙县徽城镇问政村，建于清代。坐北朝南，三进三开间二天井砖木结构建筑。通面阔8.9米，通进深16.8米，占地面积150平方米。有木雕。有小冬瓜梁。

俞卫东宅

位于婺源县思口镇上龙腾村，建于清代末期。中天井走马楼式建筑。占地面积260平方米。石库门，水磨青砖雕刻门楼，正堂宽敞明亮，为客房。后堂明堂有一口由四五块石板围合而成的2.2米×1米的石鱼缸。2005年被列为婺源县重点文物保护单位。

俞文淦宅

位于婺源县思口镇上龙腾村，建于清代末期。占地面积300平方米。由前院、中院、正屋、余屋四个部分组成，正堂开有石库门，砖雕繁复精美。正屋楼上楼下均为住房，颇有客馆形制。2005年被列为婺源县重点文物保护单位。

俞小勇宅

位于歙县徽城镇新南街，建于明末。坐东朝西，二进三开间砖木结构二层建筑。通面阔10米，通进深5.5米，占地面积55平方米。梁撑有雕刻。

俞有淦宅

位于婺源县江湾镇汪口村，建于清末。占地面积80平方米。二进三开间，砖砌大门，装饰简洁，开于小巷，正堂梁枋木雕线条流畅，梁柁木雕精美。栗树大门下部已腐朽。2005年被列为婺源县重点文物保护单位。

俞远付宅

位于婺源县江湾镇汪口村，建于清代末期。二进三开间。占地面积180平方米。原为村中一所书院，后改民居。前有小院，水磨青砖院门，院门为半圆形拱门，上有门罩，开于巷道旁，大门门额有精美木雕。2005年被列为婺源县重点文物保护单位。

俞运行宅

位于婺源县江湾镇汪口村，建于清乾隆年间。占地面积160平方米。二进三开间带二厢有天井二层建筑。石库门枋上有飞檐戗角、重瓦斗拱的门罩。门枋上下左右雕有精致的人物、场景、花草等砖石雕刻。大院门楼内侧上方有麒麟送子砖雕。大门朝东开，客座与厨房在东边，正厅与客座之间是女主人寝室。客座楼上是绣楼。2005年被列为婺源县重点文物保护单位。

俞灶树宅

位于婺源县江湾镇汪口村，建于清代末期。占地面积200平方米，二进三开间，侧门开于小巷，石库门，无砖雕；正堂梁枋木雕装饰简洁，左右厢房，右侧还建有厨房。2005年被列为婺源县重点文物保护单位。

俞政旺宅

位于婺源县思口镇上龙腾村，建于清道光年间。占地面积300平方米。正屋二进二层，前后天井，前为浅坑明堂，前堂正梁正面及下方均有精美木雕，厢枋各有三层木雕，是清代末期徽州木雕的巅峰之作。2005年被列为婺源县重点文物保护单位。

渔梁古民居思政堂

位于歙县渔梁街15号，建于清末。通面阔13.1米，通进深18米，占地面积约136平方米。三进三开间砖木结构建筑。大门有精致砖雕门楼，木窗有雕花，斜撑保存较为完整，是渔梁街上较大的住宅。2006年被列为歙县重点文物保护单位。

渔梁街18号宅

位于歙县徽城镇渔梁街，建于清末。坐南朝北，通面阔4.5米，通进深11.21米，占地面积约50平方米。砖木结构二层建筑。

渔梁街25号宅

位于歙县徽城镇渔梁街，建于清代。坐北朝南，一进木质土墙二层建筑。通面阔2.95米，通进深12.72米，占地面积33.4平方米。圆柱方墩，玻璃格子窗，前为大厅，中为过道，后为厨房，有部分改建。

渔梁街35号宅

位于歙县徽城镇渔梁街，建于清代。坐北朝南，一进三开间二层建筑。通面阔8.4米，通进深20.2米，占地面积约170平方米。前后两间。曾改建。

渔梁街46号宅

位于歙县徽城镇渔梁街，建于清末。坐南朝北，一进三开间砖木结构二层建筑。通面阔4.85米，通进深12.1米，占地面积约60平方米。楼上格子窗。

渔梁街48号宅

位于歙县徽城镇渔梁街，建于清代。坐南朝北，二进三开间木质土墙二层建筑。通面阔14.7米，通进深17米，占地面积248平方米。圆柱方墩支撑，玻璃格子门窗。

渔梁街61号宅

位于歙县徽城镇渔梁街，建于清末。坐北朝南。通面阔11.8米，通进深10米，占地面积118平方米。木质土墙二层建筑。玻璃格子门窗，圆柱方墩支撑。

渔梁街80号宅

位于歙县徽城镇渔梁街，建于清代。坐南朝北，二进三开间砖木结构建筑。通面阔9.5米，通进深14.5米，占地面积140平方米。格子门窗。

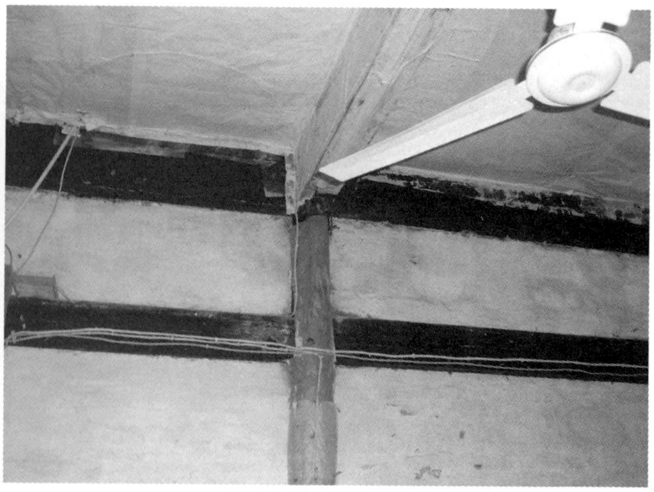

渔梁街82号宅

位于歙县徽城镇渔梁街，建于清末。坐南朝北，通面阔4.3米，通进深9.9米，占地面积43平方米。砖木结构二层建筑。

渔梁街83号宅

位于歙县徽城镇渔梁街，建于清末。坐北朝南，三进三开间木质土墙二层建筑。通面阔9.54米，通进深29.67米，占地面积283.1平方米。圆柱方墩，玻璃格子门窗。前有过道，中有天井，后有小院。

渔梁街85号宅

位于歙县徽城镇渔梁街，建于清末。坐北朝南，一进三开间砖木结构二层建筑。通面阔8.7米，通进深9.1米，占地面积79平方米。内部圆柱支撑。

渔梁街88-2号宅

位于歙县徽城镇渔梁街，建于清末。坐东朝西，通面阔6.8米，通进深11.3米，占地面积66平方米。砖木结构二层建筑。

渔梁街89号宅

位于歙县徽城镇渔梁街，建于清代。坐北朝南，一进三开间砖木结构二层建筑。通面阔9.8米，通进深8.6米，占地面积约84平方米。原为盐栈。

渔梁街91号宅

位于歙县徽城镇渔梁街，建于清末。坐北朝南，通面阔2.6米，通进深9.9米，占地面积26平方米。已改为店面。

渔梁街92-52号宅

位于歙县徽城镇渔梁街，建于清末。坐北朝南，通面阔2.75米，通进深5米，占地面积14平方米。砖木结构，地面有青砖，圆柱支撑。

渔梁街102号宅

位于歙县徽城镇渔梁街，建于清末。坐南朝北，通面阔4.8米，通进深12米，占地面积58平方米。二进砖木结构二层建筑。有小天窗，楼上有格子窗。

渔梁街181-3号宅

位于歙县徽城镇光球梁街，建于清代。坐北朝南，一进三开间木质土墙二层建筑。通面阔6.8米，通进深11.5米，占地面积78.2平方米。圆柱方墩支撑，玻璃格子门窗。

渔梁路56号宅

位于歙县徽城镇渔梁路，建于清末。坐南朝北，通面阔7.85米，通进深5.7米，占地面积44.8平方米。砖木结构二层建筑。木板门，格子窗，方梁，圆柱方墩。

渔梁路92-56号宅

位于歙县徽城镇渔梁路，建于清末。坐西朝东，通面阔11.3米，通进深3.4米，占地面积38平方米。砖木结构二层建筑。地面为石砖铺成，圆柱横梁。

玉润堂

位于婺源县浙源乡岭脚村河东自然村，清代徽墨名家詹有乾后裔詹宜珏所建。二进三开间砖木结构二层建筑。占地面积285平方米。大门楼砖雕精美，屋内豪华气派。

玉堂仙吏大厅屋

位于婺源县浙源乡虹关村，建于明代。明洪武年间，詹姓出了吏部尚书詹同和吏部尚书加太子少保詹徽，故大厅屋建有三步金阶。分院子、大门、大殿、廊厢等几个部分。头门正中悬挂『七叶衍祥』匾额，大厅屋正堂悬挂『玉堂仙吏』匾额，正殿前梁悬挂『世天官』匾额。厅屋大院东、南、西、北四个洞门分别为『如意门』『添灯门』『万宴门』『笃庆门』，门额题有『浙水钟灵』『湖山毓秀』『虹瑞紫气』『长发其祥』字样。2016年重修。

玉映堂

位于婺源县浙源乡虹关村，坐落在长人巷北端，建于清乾隆年间，詹成圭为儿子詹若南（字惟一）及长孙所建。坐北朝南，大门临虹关中路而开，平面布局为『口』形。二进三开间三层建筑。占地面积320平方米。门楼呈牌楼式。正堂设有仪门，一层木构件雕饰较少，显得朴素大方。有正房4间、厢房2间。二层走马楼式结构。是相传身高3.19米的虹关『长人』詹世钗的诞生地。2005年被列为婺源县重点文物保护单位。

昱中街道28、34号宅

位于屯溪区昱中街道长亭路，建于清代。坐北朝南，二进三开间砖木结构二层建筑。占地面积约290平方米。抬梁穿斗并用式构架，凉帽式柱础，东侧边屋为小三间。前后进均明间为厅，次间为厢房，其中后进为上下堂布局。

喻正美宅

位于歙县北岸镇北岸村，建于清代。坐北朝南，二进三开间。通面阔9.5米，通进深14.01米，占地面积133.1平方米。内有诸多斜撑木雕、窗雕、石雕，较为精美。

裕德堂

位于歙县北岸镇瞻淇村，建于清代中叶。坐南朝北，由两幢组合而成，正屋为二进三开间二层建筑。通面阔8.8米，通进深10.65米，占地面积93.7平方米。大门上有清代早期青砖雕门罩，梁枋上雕锦纹和麒麟等瑞兽。2006年被列为歙县重点文物保护单位。

豫和堂

位于歙县昌溪乡昌溪村红旗自然村，建于清代。坐东朝西，三进三开间。前两进为四合式，后进为三合式。主体通面阔9.6米，通进深28.2米。第一、二进为前堂，第三进进深狭窄，都有天井。梁柁、斜撑等雕刻精美，横梁挂钩上的雕饰为草龙。

豫顺堂

位于歙县昌溪乡昌溪村周邦头自然村077号，建于清康熙年间。坐西北朝东南，一进五开间。通面阔21.65米，通进深9.95米，占地面积215.42平方米。堂内正厅悬『豫顺堂』匾额，中堂楹联系清代黄钺所书。厅堂内还有『进士』『父子进士』『文元』『文魁』等匾额。

袁贵明宅

位于黟县碧阳镇古黄村古筑组，建于清代。坐北朝南，通面阔10米，通进深7.05米，占地面积70.5平方米。三开间带二厢有天井砖木结构二层建筑。木构配件及隔扇、横风窗、楼行栏杆等保存较好。

袁贵生宅

位于黟县碧阳镇古黄村古筑组，建于清代。坐北朝南，通面阔9米，通进深7.3米，占地面积65.7平方米。三开间带二厢有天井砖木结构二层建筑。有隔扇及木构配件等。

袁金平宅

位于黟县碧阳镇古黄村古筑组，建于清代。坐北朝南偏西，通面阔9.79米，通进深7.1米，占地面积67.1平方米。三开间有天井砖木结构建筑。有雀替和狮撑等构配件。

愿汝堂

位于婺源县浙源乡虹关村，是清初制墨名家詹成圭为其第二个孙子所建。占地面积240平方米。大门前有门院，大门为石库门坊，有水磨青砖雕刻门罩，设有仪门。正堂坐北朝南，三间四房。二层为走马楼。四披水深天井，用石板砌筑成墨锭形状，十分精美。2005年被列为婺源县重点文物保护单位。

悦德堂

位于歙县霞坑镇洪琴村下门自然村516号，建于清代。坐东南朝西北，一进三开间二层建筑，前有院子。通面阔10米，通进深12米，占地面积120平方米。

云麒堂

位于婺源县镇头镇游山村，建于清光绪年间，为茶商董培成宅第。占地面积260平方米。水磨青砖门面，青石板铺地至浚源河岸。四水朝堂，铜镜花缸，并建有休憩、客房两用小楼。2005年被列为婺源县重点文物保护单位。

云溪别墅

位于婺源县沱川乡理坑村50号，建于清代中期，为余启官所建。是具有宗祠、书院功能的建筑。坐西朝东，二进三开间砖、木、石结构建筑。通面阔16米，通进深18米。大门朝北，内厅堂为开放式，前为大庭院，地面均由大青石铺就的十字形通道分割成4个相对称的土面方块，种有花卉、果树。2006年被列为全国重点文物保护单位。

昝光荣宅

位于黄山区永丰乡永丰村东松岭自然村，建于清代。占地面积164.5平方米。一进五开间。土坯砖外墙，板壁墙体，三合土地坪。

查爱华、查昌荣宅

位于黟县宏村镇大同村黄村口自然村，建于清代。坐北朝南，通面阔10.12米，通进深22.03米，占地面积222.9平方米。三进三开间厅堂式带厢廊二天井二层建筑。左前厢耳门通偏屋，中进前廊部有防尘板天棚，前檐直圆梁，砖雕门楼保存相对完好，后进照壁后上楼。

查爱囡宅

位于黟县碧阳镇星火村中光组，建于清代。坐西北朝东南，通面阔10.3米，通进深8.8米，占地面积91.2平方米。三开间有天井砖木结构二层建筑。木构架承重。

查长富宅

位于黄山区谭家桥镇中墩村下汪组，建于清代。占地面积65.65平方米。属正房后进，三开间。斜格子纹水磨石地面，地沟式明堂，板壁墙，天棚望砖。有月梁1对、斜撑2个、梁袱2个。

查春九宅

位于黟县西递镇西递村，建于清光绪年间。坐东北朝西南，通面阔9.4米，通进深5.95米，建筑面积55.9平方米。三开间二层建筑。

查桂芬宅

位于黟县西递镇西递村株林自然村，建于清末。坐北朝南，通面阔9.34米，通进深11.87米，占地面积110.9平方米。三开间带二厢有天井二层建筑。左边间前檐墙门通厨房，右边间前檐墙门通外路。

查国良等宅

位于黟县宏村镇大同村下双干组，建于清代。坐东北朝西南，通面阔10.7米，通进深15.35米，占地面积164.2平方米。三开间前后厅二天井有厢廊二层建筑。左后厢耳门通厨房，右厢上楼，砖雕门楼制作精美，保护完好。

查和立宅

位于黟县宏村镇大同村下双干组，建于清代。坐北朝南，通面阔9.65米，通进深7.5米，占地面积72.34平方米。三开间带二厢有天井二层建筑。左厢耳门通外，后檐墙门通厨房，照壁后上楼。

查洪昌宅

位于黟县宏村镇龙江村端村组，建于清代。坐东北朝西南，通面阔8.55米，通进深13.45米，占地面积115平方米。三开间前后厅二廊中天井二层建筑。正面大门，照壁后上楼。前厅为三合土地坪，后厅为条砖地面。木构架、装修等整体较完整。

查焕宏宅

位于歙县徽城镇渔梁街34号，建于清代。坐南朝北，通面阔3.6米，通进深11.2米，占地面积40.3平方米。木质土墙二层建筑。玻璃格子门窗。圆柱方墩支撑，前为大厅，中间为饭厅，后为厨房，背为小院。

查建和宅

位于黟县西递镇西递村，建于清同治年间。坐北朝南，建筑面积122.2平方米，占地面积86.2平方米。三开间二层建筑。

查建平二号宅

位于黟县西递镇西递村，建于清道光年间。坐西朝东，主体通面阔14.55米，通进深6.3米，建筑面积91.7平方米。三开间二层建筑。

查建平一号宅

位于黟县西递镇西递村，建于清道光年间。坐西朝东，建筑面积127.5平方米，占地面积102.5平方米。三开间二层建筑。

查建元宅

位于黟县西递镇西递村株林自然村，建于清末。坐北朝南偏东，通面阔13.66米，通进深6.61米，占地面积90.3平方米。三开间带二厢有天井二层建筑。左厢上楼，右厢耳门通厨房。三合土斜方格地面。

查锦华宅

位于黟县西递镇西递村，建于清道光年间。坐南朝北，主体通面阔9.9米，通进深9.6米，占地面积95平方米。三开间二层建筑。

查良眉宅

位于黟县宏村镇龙江村沈村组，建于清代。坐东北朝西南，通面阔8.8米，通进深11.05米，占地面积97.2平方米。三开间前后厅二廊中天井二层建筑。正面大门，左廊侧设楼梯。三合土地坪。木构架、装修整体较完整，砖、木、石构配件制作较好。

查民洋宅

位于黟县宏村镇塔川村西山组，建于清代。坐北朝南，通面阔11.1米，通进深13.1米，占地面积144.7平方米。三开间带二厢前后厅中天井二层建筑。正面大门，照壁后上楼。木构架、装修较完整，砖、木、石构配件制作精美。

查全禄宅

位于黄山区新丰乡新丰老街，建于清代。主宅门向南，前后小院门楼，西侧临街。一进五开间院落式建筑。占地面积207平方米，高约6.8米。木架结构穿斗式，斜方格纹水门汀地面。前通三间地沟式明堂，板壁墙，圆柱方梁，天棚望板，卷棚。天井上檐有斜撑4个。

查汝安宅

位于黟县宏村镇龙江村林村组，建于清代。坐东北朝西南，通面阔15.2米，通进深13米，占地面积156平方米。三开间二廊(厅堂式)上厅下堂带左偏厅中天井二层建筑。正面大门，右侧门通别宅，左侧门通偏厅，照壁后上楼。后厅前廊部设卷棚轩，偏厅单设楼梯，内有古井一口。三合土斜方格地面。砖、木、石构配件制作较好，雕刻精美。

查树平宅

位于黟县宏村镇龙江村端村组，建于清代。坐东北朝西南，通面阔9.2米，通进深7.55米，占地面积69.5平方米。三开间二层建筑。照壁后上楼，左右侧门分别通外及厨房。

查天福宅

位于黟县西递镇西递村株林自然村，建于清末。坐北朝南，通面阔8.97米，通进深10.7米，占地面积96.5平方米。三开间带二厢有天井二层建筑。后檐墙门通厨房，厨房左门通内院，院后有竹林。

查天禄宅

位于黟县西递镇西递村株林自然村，建于清末。坐西朝东，通面阔12.3米，通进深5.72米，占地面积70平方米。三开间带二厢有天井二层建筑。右厢侧耳门通厨房，厨房内上楼，厨房前门通门前坦。木构架承重，三合土地坪。

查伟民宅

位于黟县宏村镇龙江村林村组，建于清末。坐东北朝西南，通面阔9.6米，通进深8.6米，占地面积82.6平方米。三开间有天井二层建筑。照壁后上楼。

查武绳宅

位于黟县宏村镇汤蜀村蜀里组，建于清末。坐南朝北，通面阔9.05米，通进深5.4米，占地面积48.9平方米。三开间带二厢二层建筑。右厢侧耳门通外，为入口大门，后檐墙门通厨房。三合土地坪。

查新宝宅

位于黟县宏村镇塔川村，建于清代。坐西北朝东南，通面阔10.3米，通进深8.82米，占地面积90.8平方米。三开间厅堂式二层建筑。正面大门，照壁后上楼。木构架、装修等构配件保存完整，木构配件制作精致，门楼精美完好。

查秀英宅

位于黟县西递镇西递村，建于清咸丰年间。坐西南朝东北，三开间二层建筑。建筑面积172平方米，占地面积142平方米。

查学成宅

位于黟县碧阳镇钟山村石屏组，建于清代。坐西南朝东北，通面阔9.95米，通进深16.35米，占地面积162.9平方米。二进三开间二天井带二厢砖木结构二层建筑。木构架保存较好。

查友松宅

位于黟县西递镇西递村，建于清光绪年间。坐西北朝东南，三开间二层建筑。主体通面阔7.3米，通进深6.65米，建筑面积171平方米，占地面积87平方米。

查玉英宅

位于黟县碧阳镇横岗村，建于清末。坐西朝东，通面阔14.9米，通进深8.25米，占地面积122.9平方米。一进五开间带二厢一天井三层建筑。二、三层天井楼行栏杆雕刻精致，气势宏大。

查韵蓉宅

位于黟县碧阳镇碧山村碧东组，建于清代。坐北朝南，通面阔10米，通进深13.1米，占地面积131平方米。三开间带二厢中天井前后厅二层建筑。隔扇门窗、横风窗、木构配件和大门砖雕门楼保存较好。

查再好宅

位于黟县西递镇西递村，建于清道光年间。坐西朝东，主体通面阔8.5米，通进深7.3米，建筑面积98平方米。三开间二层建筑。

查灶坤宅

位于黟县西递镇西递村株林自然村，建于清末。坐北朝南，通面阔8.51米，通进深11.91米，占地面积104.6平方米。三开间带二厢有天井二层建筑。入口大门向东，右厢上楼，后边前檐墙门通厨房，厨房后墙门通外路。三合土斜方格地面，房内直铺木地板，有隔扇窗。

查兆玉宅

位于黟县宏村镇宏村，建于清代。坐西朝东，占地面积92平方米。花厅布局为三开间二层建筑。正面花窗砖雕精美，正屋二层设有观景台，花厅对面门楼附属建筑保存较好。

查稚圭故居

位于婺源县浙源乡凤山村，建于清代。2005年被列为婺源县重点文物保护单位。

查重英宅

位于黟县碧阳镇古黄村古筑组，建于清末。坐北朝南，通面阔10.35米，通进深9.95米，占地面积103平方米。三开间带二厢上下厅中天井砖木结构二层建筑。彩绘天棚。

查自立宅

位于黟县西递镇石印村朱坑口组，建于清末。坐西朝东，通面阔8.81米，通进深6.32米，占地面积55.6平方米。三开间带二厢有天井二层建筑。左厢侧耳门通厨房。圆柱磉，木构架及木装修保存完好。

翟大喜宅

位于黄山区新丰乡盛洪村11组，建于清代。门向南，前有宅院，东为大队仓库，一进三开间。占地面积131平方米，高约5.7米。木架结构穿斗式，斜方格纹水门汀地面，板壁墙，天棚望板。

翟笃信宅

位于黄山区三口镇汪家桥村，建于清末。二进三开间。占地面积142.64平方米，高约6米。木架结构穿斗式，水门汀地面，平铺式天井，白灰墙，前后两厢均有阁楼，明堂上檐有斜撑10个。

詹的仂宅

位于休宁县万安镇钟塘村流塘自然村，建于清代。坐南朝北，四合式布局。占地面积110.4平方米。门罩砖雕饰花草、人物图案；柱础方形，雀替、斜撑雕刻草龙图案，木隔扇窗饰方格，裙板装饰宝瓶、香炉及书卷、变形『寿』字图案，地面铺红石板。

詹复生等宅

位于休宁县五城镇五城老街80号，建于清代。坐东北朝西南，四进三开间。占地面积316.6平方米。二进地面铺长条石，柱础方形，雀替雕饰花草，斜撑雕刻倒挂狮，月梁中央雕刻戏曲人物，楼栏板外檐为卷草纹及变形『寿』字；三进地面铺白麻长条石，柱础方形，雀替、额枋雕刻花卉、土龙，斜撑雕刻倒挂狮。

詹广任宅

位于婺源县浙源乡岭脚村里村自然村31号，建于清末。坐南朝北，三开间砖木结构三层建筑。由小院、厅堂、余屋三部分组成。院门朝东南方，厅堂大门朝北，为水磨砖门面，单檐式，厅内有一浅明堂，地铺青石，梁枋、门窗、雀替均有雕饰，雕刻精细，内容较为丰富。楼梯设于照壁后。余屋现为厨房，与主体建筑等高。整个建筑空间较狭小，但布局紧凑、合理。2005年被列为婺源县重点文物保护单位。

詹广宅

位于婺源县浙源乡岭脚村，制墨名家詹宜珍建于清乾隆年间。坐西朝东，二进三开间砖木结构二层建筑。大门为水磨门面，单檐式，门额布满砖雕，保存基本完整，内由前厅、后堂、余屋三部分组成，地铺青石，均有天井，门窗、梁枋、雀替均有雕饰。后堂左右厢房门窗雕有形如铜钱的图案，南侧为余屋，明堂上四周木构件已塌圮。整个建筑前厅、后堂基本保持原貌。现存主体建筑通面阔11.2米，通进深18.42米；现存附属建筑棣芳堂，通面阔9.1米，通进深13.5米，院子约50平方米，有百年红茶花一株。2005年被列为婺源县重点文物保护单位。

詹国平宅

位于黟县西递镇西递村，建于清宣统年间。坐西北朝东南，通面阔8.9米，通进深7.7米，占地面积68.5平方米。三开间二层建筑。

詹慧鸾宅

位于黟县西递镇西递村株林自然村，建于清末。坐北朝南偏西，通面阔10.1米，通进深7.52米，占地面积76平方米。三开间带二厢二层建筑。后檐墙门通厨房。三合土地坪。

詹继明宅

位于黟县西递镇霭峰村林川组，建于清末。坐南朝北，通面阔9.52米，通进深7.53米，占地面积71.7平方米。三开间带二厢有天井(加顶)二层建筑。右厢侧耳门通厨房。方形木柱，木构架、木装修等保存尚好。

詹剑峰故居

位于婺源县浙源乡虹关村察关自然村60号，建于清代。坐东朝西，三开间砖木结构二层建筑。现存前厅、后堂两部分，前厅地铺青石，浅明堂，梁枋、梁柁、月梁均有雕饰，后堂地铺木板。2005年被列为婺源县重点文物保护单位。

詹向阳等宅

位于休宁县万安镇钟塘村中水南自然村，建于清代。坐西北朝东南，占地面积113平方米。大门开在中轴线上，前后三进。一进门屋，二进大厅，三进四合式住宅。门罩有砖雕，大厅大梁为方形，柱础呈石鼓状，木隔扇窗饰方格图案，斜撑雕有花卉和『寿』字，水磨石金砖铺地，地袱石雕刻『福』『禄』及瑞兽。

詹银宝等宅

位于歙县昌溪乡双源村下坝自然村，建于清末。坐北朝南，二进三开间。通面阔9.3米，通进深12.2米，占地面积113.5平方米。上堂主梁棱形。两厢房窗栏有简单木雕。

詹永教宅

位于婺源县段莘乡庆源村『石狮门』巷道，建于清末。占地面积350平方米。三开间带二厢一天井。梁枋、窗门、梁柁、雀替等雕刻精美。偏屋为厨房。整体保存完好。2003年，根据莫言小说《白狗秋千架》改编的电影《暖》曾将此屋作为拍摄场景之一。2005年被列为婺源县重点文物保护单位。

瞻成堂

位于婺源县镇头镇游山村，建于清光绪年间。为清五品衔、诰授奉政大夫董荣选官宅。占地面积220平方米。有石门柱、石门坊，青石板铺堂前地。两厢设有客槛，狮子庆，屏风托。门扇有《空城计》戏曲故事木雕，栩栩如生。2005年被列为婺源县重点文物保护单位。

瞻成堂室内狮子抱绣球木雕梁托

张安顺宅

位于歙县徽城镇鲍川村鲍家庄老街，建于清代。坐北朝南，三进三开间二天井二层建筑。通面阔11.65米，通进深22.8米，占地面积265.6平方米。前后进倒塌，门楼被破坏。

张白寿等宅

位于黄山区谭家桥镇中墩村，建于清代。占地面积542.64平方米。四进五开间。木架结构穿斗式，前进有两层阁楼，斜格纹水磨石地面，3个平铺式明堂，1个地沟式明堂，板壁式墙体。天棚望砖。正房右侧有倚屋，四进三开间。有斜撑16个，月梁1对，梁袱2个。

张必成宅

位于黟县碧阳镇碧山村碧西组，建于清末。坐北朝南，通面阔10米，通进深12.45米，占地面积124.5平方米。一进三开间上下堂一天井二层建筑。天井及明堂『黟县青』地坪石完好，天花板有彩绘，木架构保存尚好。

张昌远宅

位于歙县三阳镇金石村，建于清代。坐西北朝东南，二进三开间楼房。通面阔9.6米，通进深13.4米，占地面积127.2平方米。木雕梁柁，有18间房。

张潮宅

位于歙县坑口乡柔川村，建于清初。二进三开间四合式三层建筑。占地面积约123平方米。前有天井、门屋及两廊，大门为砖雕垂花门罩。楼板搁栅甚密，正厅搁栅上镶有精美的木雕花板，楼上板壁一板一枕，天井檐枋上有13组斗拱，具有明末清初建筑风格。

张成杰等宅

位于歙县徽城镇鲍川村鲍家庄老街，建于清代。坐北朝南，通面阔6.7米，通进深11.4米，占地面积76.4平方米。砖木结构二层建筑。大门上有砖雕。

张成杰宅

位于歙县徽城镇鲍川村鲍家庄老街，建于清代。坐北朝南，砖木结构二层建筑。通面阔5.3米，通进深7.4米，占地面积39.2平方米。

张承达宅

位于歙县坑口乡阳坑村岭坑口自然村，建于清末。坐西北朝东南，三开间『品』字形砖木结构二层建筑。通面阔9.6米，通进深7.75米，占地面积74.4平方米。大门前为墙院，有门楼，无砖、木雕。

张承俭等宅

位于歙县徽城镇南屏村，建于清代。坐南朝北，一进三开间砖木结构二层建筑。通面阔8.5米，通进深7.5米，占地面积约63.75平方米。

张承尧等宅

位于歙县徽城镇南屏村，建于清末。坐北朝南，二进三开间砖木结构二层建筑。通面阔9.6米，通进深12.2米，占地面积115.8平方米。门楼有砖雕。

张承业宅

位于歙县坑口乡阳坑村岭坑口村，建于清末。坐西北朝东南，一开间砖木结构二层建筑。通面阔6米，通进深7.8米，占地面积46.8平方米。简朴无雕饰。

张崇军宅

位于黟县宏村镇宏村，建于清代中期。坐北朝南，占地面积698平方米。前后两进，前进为四合式二层，后进上厅为三层，下厅为二层，门楼和木构件雕刻精美，整幢建筑构架保存较好，东向为厨房，前进和后进东向分别有小院。

张崇沛宅

位于歙县徽城镇鲍川村鲍家庄老街，建于清代。坐北朝南，通面阔4.2米，通进深18.25米，占地面积76.7平方米。三进带天井砖木结构二层建筑。

张春爱宅

位于歙县昌溪乡昌溪村，建于清代。坐西朝东，一进一开间。通面阔3.5米，通进深4.8米，占地面积16.8平方米。无门楼，无木雕，无天井，楼梯设于照壁后。

张春风等宅

位于歙县坑口乡坑口村芳坑自然村，建于清代。坐东南朝西北，三开间二天井砖木结构二层建筑。通面阔 8.9 米，通进深 17.5 米，占地面积 155.75 平方米。前厅后堂，有砖、木雕刻，隔扇、窗、窗衣精美。

张春花宅

位于歙县徽城镇渔梁街 7 号，建于清代。坐北朝南，一进三开间砖木结构二层建筑。通面阔 10.25 米，通进深 5.75 米，占地面积约 60 平方米。格子窗。

张春九宅

位于休宁县鹤城乡左右龙村右龙自然村，建于清代。坐东南朝西北，一进三开间。占地面积47.62平方米。明堂处铺条石板，立柱方形，柱础雕如意图案，雀替雕花卉，木隔扇窗饰方格，楼栏板外檐雕刻人物、戏曲故事。

张翠英等宅

位于黄山区甘棠镇甘棠社区，建于清代。占地面积179.4平方米。一进五开间。水门汀地面，木架结构穿斗式，墙面饰白灰，平铺式天井。左右有厢房，左侧厢房为前后式，右侧厢房与正房同。天井上有斜撑8个。

张大利等宅

位于休宁县鹤城乡左右龙村右龙自然村，建于清代。坐东北朝西南，小四合式布局。占地面积84.24平方米。地面铺青石板，立柱及柱础方形，雀替雕花卉，斜撑雕倒挂狮，木隔扇窗雕蝙蝠、寿桃及动物，楼栏板雕花卉及戏曲故事。

张大民等宅

位于休宁县流口镇茗洲村茗一自然村51号，建于清代。坐西北朝东南，一进三开间。占地面积88平方米。外墙嵌『泰山石敢当』青石碑，明堂处铺青石板，其余部分铺水磨砖，木构架简单，木隔扇窗、挂落均饰方格，大梁方形，柱础圆鼓状。

张得顺宅

位于歙县徽城镇南屏村，建于清代。坐南朝北，一进三开间一天井。通面阔8.7米，通进深7.5米，占地面积约65.25平方米。

张德利宅

位于歙县小川乡小洲村，建于清代。坐北朝南，二进三开间二层建筑。通面阔10.2米，通进深14米，占地面积143平方米。下堂厢房有少量木雕，中间设楼梯。

张德利宅

位于歙县森村乡黄备村联盟组，建于明代。坐北朝南，通面阔9.8米，通进深7.2米，占地面积70.56平方米。方柱。有厢房。

张德远等宅

位于歙县徽城镇鲍川村鲍家庄老街，建于清代。坐北朝南，通面阔10.26米，通进深23.7米，占地面积236.97平方米。三进二天井。部分倒塌。大门有门楼。

张定国宅

位于歙县森村乡黄备村联盟组，建于清代。坐北朝南，二进三开间二层建筑。通面阔9.9米，通进深17.6米，占地面积174.24平方米。有厢房。

张冬女宅

位于徽州区岩寺镇虹光村虹梁自然村，建于清代。坐北朝南，建筑面积174.23平方米。一进三开间二层建筑。正屋三间，两次间向厅开门。楼上三间分割，明间为厅，次间为房，木板装修，每间正中双开格子门，屋面装望板。

张恩鼎宅

位于歙县坑口乡薛源村柔川自然村，建于清代。坐北朝南，三开间左右两幢靠壁天井。通面阔20.45米，通进深12.65米，占地面积257.67平方米。砖木雕刻精美，院墙有2扇双层透亮镂空雕砖窗，雕刻精致的『玉堂富贵』『兰桂腾芳』图。2006年被列为歙县重点文物保护单位。

张风林等宅

位于歙县坑口乡阳坑村岭坑口自然村，建于清末。坐西北朝东南，通面阔9.7米，通进深7.5米，占地面积72.75平方米。三开间『品』字形砖木结构建筑。前部有天井。倒挂吊式门楼，砖木雕刻精美，凹角方形柱础。有槛窗及窗衣。有上马石。

张逢新宅

位于歙县森村乡公园村，建于清末。坐北朝南，二进三开间上下对堂。通面阔10.3米，通进深8.5米，占地面积87.55平方米。有砖木雕刻。

张淦元宅

位于婺源县赋春镇甲路村，建于明代。侧开石库门，进门地面有小石头嵌成的万福图案，寓意吉祥。屋内明堂为典型的『明深坑』，堂前为正方形青砖铺地，稍有碎裂，整体保存较好。正梁及厢枋雕刻简洁，线条流畅。2005年被列为婺源县重点文物保护单位。

张冈宅

位于歙县坑口乡薛源村柔川自然村，建于清末。坐西南朝东北，三开间『品』字形砖木结构二层建筑。有马头墙和柱撑，砖雕门楼，木雕槛门（厢边上部、下部水磨砖）。原为靠壁天井，后将天井加盖，右厢为厨房。

张根平宅

位于黟县碧阳镇古黄村黄村组，建于清代。坐北朝南，通面阔9.5米，通进深7.45米，占地面积70.8平方米。三开间带二厢有天井二层建筑。砖雕门楼保护较完好。

张观庆等宅

位于歙县徽城镇南屏村，建于清代。坐北朝南，二进三开间带天井。通面阔9.45米，通进深12米，占地面积113平方米。格子窗。大门有门楼。

张广华宅

位于歙县坑口乡薛源村柔川自然村，建于清末。坐西朝东，三开间『品』字形砖木结构二层建筑。通面阔7.95米，通进深9.1米，占地面积72.35平方米。有简朴水磨砖门楼，无砖木雕饰。

张桂娇宅

位于歙县富堨镇承狮村清溪组，建于清代。坐南朝北，二进三开间二层建筑。通面阔10.1米，通进深9米，占地面积90.9平方米。下堂有厢房。有简易门楼。

张国龙宅

位于歙县森村乡满田村，建于清光绪年间。坐西朝东，三进三开间。通面阔9.7米，通进深11.4米，占地面积110.6平方米。中为明堂，青石砌边，内有两厢，圆柱方梁，内设简洁。

张行江等宅

位于歙县北岸镇白杨村上村自然村，建于清代。坐南朝北，二进三开间。通面阔6.2米，通进深11.2米，占地面积69.44平方米。内有部分木雕。

张和顺宅

位于歙县坑口乡阳坑村，建于清末。坐东南朝西北，砖木结构，三开间砖木结构二层建筑。通面阔8.6米，通进深7.4米，占地面积55.04平方米。前面两厢木隔断，中间原装有隔扇，靠前沿已改建水泥房。

张荷花等宅

位于歙县徽城镇南源口村，建于清代。坐北朝南，一进三开间砖木结构二层建筑。通面阔8.9米，通进深6.6米，占地面积58.7平方米。大门有简易门楼。

张鹤飞宅

位于歙县坑口乡瀹潭村，建于清代。坐西南朝东北，一进三开间砖木结构二层建筑。通面阔8.16米，通进深6.16米，占地面积50.26平方米。

张宏根宅

位于歙县徽城镇鲍川村鲍家庄老街，建于清代。坐南朝北，二进三开间带天井砖木结构二层建筑。通面阔14.23米，通进深14.25米，占地面积约202.8平方米。后进濒临倒塌。

张宏太宅

位于歙县坑口乡阳坑村岭坑口自然村，建于清末。坐西北朝东南，三开间『品』字形砖木结构二层建筑。通面阔8.9米，通进深11.3米，占地面积100.6平方米。无木雕，砖砌门楼简朴。

张厚意宅

位于黄山区甘棠镇凤凰村向阳组，建于晚清。二进三开间。占地面积115.02平方米。木架结构穿斗式，水门汀地面，白灰墙面，中有天井，天井上檐雕刻简单。

张华英宅

位于歙县雄村镇义成村，建于清代。坐西朝东，一进三开间二层建筑。通面阔9.9米，通进深7.4米，占地面积73.26平方米。有格子窗，有方柱础。

张继来宅

位于歙县徽城镇鲍川村后坞自然村，建于清代。坐北朝南，二进三开间二天井。通面阔10.2米，通进深15.5米，占地面积约158平方米。有格子窗、冬瓜梁。

张继荣宅

位于歙县森村乡黄备村，建于明代。坐南朝北。通面阔12.6米，通进深9.5米，占地面积120平方米。砖木结构，有天井。

张家祠堂

位于歙县徽城镇鲍川村后坞自然村，建于清代。坐北朝南，一进五开间。通面阔17米，通进深7.4米，占地面积约126平方米。

张家大屋

位于黄山区仙源镇龙山村中市组，建于晚清。三进五开间。第三进已倒塌。占地面积366平方米，高约6米。木架结构穿斗式，斜方格纹水门汀地面，地沟式明堂，白灰墙，天棚望砖，中进有卷棚。前天井残存斜撑5个。

张家鸿宅

位于歙县森村乡公园村，建于清代。坐南朝北，二进三开间上下对堂。通面阔10.8米，通进深10.7米，占地面积约116平方米。装有厢房，有砖木雕刻。

张家卫等宅

位于休宁县龙田乡桃林村，建于清代。坐西南朝东北，一进三开间。占地面积62.67平方米。木质大门，门罩砖雕饰花卉、人物、卷云等图案，以及『福』『寿』等字，柱础圆鼓状，雀替雕花卉、瑞兽。

张坚清宅

位于黟县碧阳镇石亭村，建于清代。坐北朝南，通面阔9.8米，通进深8.1米，占地面积79.4平方米。一进三开间带二厢一天井砖木结构二层建筑。大门朝前，天井铺『黟县青』地坪石，保存较完好。

张建军等宅

位于歙县小川乡小洲村前进组，原系张氏大户民房，建于清代。坐北朝南，二进一天井二层建筑。通面阔10米，通进深15米，占地面积150平方米。后有楼梯，门厅与后进三开间，明堂两侧厢房原有少量雕花装饰。上堂为统间，有少量木、石雕，下堂有厢房。

张建明宅

位于黟县碧阳镇星火村孙程组，建于清代。坐北朝南，通面阔9.2米，通进深15.04米，占地面积138.4平方米。三开间前后厅有天井砖木结构二层建筑。木构架承重，木构架、装修等较完整，砖门楼保存较好。

张建秋、姚德顺宅

位于歙县昌溪乡昌溪村头前河自然村，建于清代。坐南朝北，二进三开间。通面阔12.7米，通进深14.6米，占地面积185平方米。内部木雕较精美。

张建新、张建强宅

位于歙县北岸镇白杨村西村自然村，建于清代。坐北朝南，主屋二进三开间，通面阔7.55米，通进深10.15米，占地面积76.63平方米。前有小院，占地面积47.94平方米。门楼有砖雕，内有木雕，雕刻精美。

张健锋等宅

位于黟县宏村镇大同村郭村组，建于清代。坐北朝南，通面阔8.92米，通进深9.06米，占地面积80.8平方米。前后厅中天井带厢房二层建筑。右厢耳门通厨房，左厢内上楼。

张健康宅

位于歙县坑口乡薛源村柔川自然村，建于清代。坐西北朝东南，二进三开间四合式上下对堂砖木结构建筑。通面阔13.7米，通进深17米，占地面积232平方米。上堂三层分割，后厢房，靠壁天井，木架结构穿斗式。2006年被列为歙县重点文物保护单位。

张金华宅

位于黟县碧阳镇星火村中光组，建于清代。坐北朝南，通面阔9.7米，通进深8.3米，占地面积80.5平方米。三开间砖木结构二层建筑。木构架承重，木构架、装修较完整，构配件、隔扇保存较好。

张金权宅

位于黟县碧阳镇石亭村，建于清代。坐北朝南，通面阔9.95米，通进深12.45米，占地面积123.9平方米。三开间带二厢上下堂中天井二层建筑。

张金喜宅

位于黟县宏村镇屏山村，建于清末。坐西朝东，通面阔9.86米，通进深9.65米，占地面积95.2平方米。三开间带二厢二层建筑。门前有坦，左厢侧耳门通巷道。木构架保存完好，木构配件雕刻及隔扇门窗、楼行栏杆制作精美别致，地面斜铺大方砖。

张金绣宅

位于歙县璜田乡璜蔚村利新组，建于清代。坐西朝东，一进三开间楼房。通面阔9.6米，通进深16.9米，占地面积154.29平方米。青瓦盖顶，均为硬山式屋顶。

张锦文、张涌文宅

位于歙县富堨镇富堨村大里自然村，建于清代。坐东朝西，一进三开间二层建筑。通面阔9.9米，通进深12.55米，占地面积约123.75平方米。下堂有厢房。有砖雕门楼。

张景璠宅

位于歙县森村乡公园村，建于清宣统年间。二进三开间上下对堂。通面阔10.8米，通进深10.7米，占地面积约116平方米。装有厢房。

张景峰宅

位于歙县森村乡下村立新组，建于清代。坐北朝南，通面阔10.5米，通进深7.9米，占地面积82.95平方米。有砖、木雕。

张景乐宅

位于歙县森村乡公园村后街组，建于清末。坐南朝北，二进三开间上下对堂二层建筑。通面阔10.1米，通进深14.9米，占地面积150.49平方米。有木雕。

张景堂宅

位于歙县坑口乡薛源村朱家坞自然村，建于明代。三进五开间。占地面积约91平方米。有覆盆础、凹角柱、斗拱、芦苇墙，楼上装修一板一枕。瓜柱鹰嘴式，梁枋下雀替雕刻精美。

张均杰宅

位于歙县徽城镇渔梁街102-3号，建于清代。坐北朝南，砖木结构二层建筑。通面阔11.76米，通进深7.6米，占地面积89.4平方米。青石门框。

张克文宅

位于歙县徽城镇鲍川村鲍家庄老街，建于清代。通面阔5.55米，通进深14.6米，占地面积约81.03平方米。带天井砖木结构二层建筑。格子窗。

张来发、张秋云宅

位于歙县北岸镇瞻淇村后村组，建于清代。坐西朝东，一进三开间。通面阔5.4米，通进深7.6米，占地面积41平方米。门楼有砖雕。

张来发宅

位于黟县碧阳镇古黄村黄村组，建于清代。坐西朝东，通面阔10.5米，通进深7.4米，占地面积77.7平方米。三开间带二厢有天井二层建筑。隔扇门窗等木构配件、砖雕门楼保存较好。

张来顺宅

位于歙县森村乡公园村，建于清末。坐南朝北，三开间带天井『品』字形建筑。通面阔9米，通进深7.6米，占地面积68.4平方米。

张丽华宅

位于黟县宏村镇龙江村北庄组，建于清代。坐北朝南，通面阔9.35米，通进深8米，占地面积74.8平方米。三开间带二厢二层建筑。右边间门进厨房，照壁后上楼。三合土地坪，木构架、装修保存较完整。

张丽娟宅

位于歙县森村乡下村立新组，建于清代。坐北朝南，二进三开间。通面阔8.5米，通进深16.6米，占地面积141.1平方米。木雕精美。

张利菊宅

位于歙县深渡镇深渡社区，建于清代。坐西朝东，一进三开间带二厢二层建筑。通面阔5.1米，通进深8米，占地面积40.8平方米。厅后设楼梯，厅前有天井。大门朝北开，大门顶挑檐，石质门框，镶青砖。

张利群宅

位于歙县坑口乡薛源村柔川自然村，建于清末。坐东朝西，三开间砖木结构二层建筑。通面阔9.8米，通进深10.8米，占地面积105.84平方米。前为厨房，后为三间『品』字形厢房。隔扇、窗户窗衣、门楼雕刻精美。有木雕柱撑。

张林福宅

位于歙县街口镇街口村，建于明代中叶。二进三开间。通面阔9.66米，通进深12.3米，占地面积118.8平方米。正立面为水平高墙，大门上有门罩。门厅左右有耳房，天井两边为走廊，左廊有侧门，右廊置楼梯。后堂中为厅，左为房，后有小倒厅，面对小院。楼下较矮，梭柱覆盆础，密栅。天井栏板以欹压缝，上有方格隔扇。楼上有八角斗拱、鹰嘴式童柱等。1981年被列为安徽省重点文物保护单位。

张林权宅

位于休宁县鹤城乡左右龙村右龙自然村，建于清代。依地势坐东朝西，一进三开间。占地面积66.43平方米。立柱及柱础皆方形，雀替雕寿桃，大梁雕戏曲故事，木隔扇窗饰竖条格，楼栏板外檐雕人物、戏曲故事，西侧墙上书有『福』字。

张脉新宅

位于绩溪县伏岭镇石川村91号，建于清代晚期。坐西北朝东南，占地面积258平方米。一进三开间二层建筑。东西厢房，前置天井，撑拱承挑屋檐，抬梁穿斗并用式梁架，硬山式屋顶，三合土地坪，外围封火墙，室内的木结构略施雕刻，正厅上首悬挂书有『望重耆英』朱漆描金匾额一块。

张茂根等宅

位于休宁县汪村镇田里村134号，建于清代。坐西北朝东南，一进三开间。占地面积63.46平方米。门罩绘八宝，立柱及柱础均方形，雀替雕草龙，楼栏板外斜撑饰芭蕉及『卍』字纹，木隔扇门及窗饰方格。

张茂林宅

位于歙县徽城镇斗山街27号，建于清末。坐北朝南，二进三开间二层建筑，西边有厢房。通面阔9.27米，通进深11.72米，占地面积112平方米。隔扇、窗栏有雕刻，斜撑为木雕狮子，前后有天井。地面曾改建。

张美丽宅

位于歙县徽城镇大梅口村，建于清代。坐北朝南，二层建筑。通面阔6米，通进深13米，占地面积78平方米。青石门楼有砖雕，东面有小院。

张美如宅

位于绩溪县扬溪镇王玕村32号，建于清代后期。坐西北朝东南，占地面积137.5平方米。一进三开间一天井二层建筑。撑拱承挑出檐，东西厢房，抬梁式构架，外围封火墙，三合土地坪，大门有精美的砖雕门罩，室内的狮斜、雀替雕刻非常精致。

张美双宅

位于歙县徽城镇鲍川村鲍家庄老街，建于清代。坐北朝南，一进三开间。通面阔 13.5 米，通进深 7.85 米，占地面积约 106 平方米。结构简单。

张美英宅

位于歙县昌溪乡昌溪村周邦头自然村周氏宗祠正后方，建于清代。坐西北朝东南，二进三开间。通面阔 10.18 米，通进深 15.65 米。前进两层，后进三层，前进面阔小，后进面阔大，呈梯形，前有门楼、瓦窗，大门下方有对称的石浮雕。

张美云宅

位于歙县雄村镇柘林村，建于清末。坐东朝西，一进三开间。通面阔6.85米，通进深6.77米，占地面积59.9平方米。大门一侧向内倾斜，两边有厢房，有方形石柱础。

张明羔宅

位于歙县坑口乡瀹潭村，建于清末。坐西朝东，一进三开间。通面阔7.91米，通进深6.6米，占地面积52.14平方米。砖木结构二层建筑。楼下装修已改建。

张明贵等宅

位于歙县徽城镇南屏村，建于清代。坐南朝北，一进三开间砖木结构二层建筑。通面阔6.35米，通进深8.2米，占地面积52平方米。有小冬瓜梁。

张女宅

位于歙县徽城镇渔梁街165号，建于清末。坐北朝南，一进三开间砖木结构二层建筑。通面阔6.15米，通进深6.05米，占地面积37.2平方米。

张培基、毕美娟宅

位于歙县徽城镇鲍川村鲍家庄老街，建于清代。坐南朝北，三进带天井二层建筑。通面阔9.7米，通进深16.4米，占地面积159.1平方米。中间一进已倒塌。

张佩淦宅

位于歙县森村乡下村立新组，建于清末。坐西朝东，三开间『品』字形建筑。通面阔9.7米，通进深10米，占地面积97平方米。

张清阳宅

位于祁门县历口镇彭龙村查田组，建于清代。坐东朝西，一进三开间砖木结构二层建筑。通面阔9.6米，通进深8.5米，占地面积82平方米。前有小院，院侧建有边屋，正屋砖制门罩，前设天井，青石、木板铺设地面。

张庆奎宅

位于黄山区仙源镇越山村七组，建于清代。占地面积121平方米。二进三开间，木架结构穿斗式，整体框架保存完整，木构件不全。水门汀地面，平铺式天井。有斜撑6个、梁袱2个。

张庆培宅

位于歙县徽城镇南屏村潘岭自然村，建于清代。坐南朝北，二进三开间带天井砖木结构建筑。通面阔9.5米，通进深9.95米，占地面积94.5平方米。

张荣贵宅

位于歙县徽城镇南源口村王村茂自然村，建于清代。坐北朝南，二进三开间一天井。通面阔8.85米，通进深13.8米，占地面积122.1平方米。有格子窗和木雕。

张荣花宅

位于歙县雄村镇朱村，建于清代。坐南朝北，一进三开间楼房。通面阔 8.05 米，通进深 7.3 米，占地面积 58.8 平方米。大门有简易门楼，有花格板门。内部结构简单。

张瑞东宅

位于歙县徽城镇鲍川村鲍家庄老街，建于清代。坐南朝北，三进三开间二天井楼房。通面阔 7.08 米，通进深 23.05 米，占地面积 163.2 平方米。有简易门楼。

张森和二号宅

位于歙县璜田乡璜蔚村农村组，建于清代。坐西北朝东南，二进三开间。通面阔10.2米，通进深12.9米，占地面积131.58平方米。现存一进厅，均为硬山式屋顶，青瓦盖顶。

张森和一号宅

位于歙县璜田乡璜蔚村农村组，建于清代。坐东南朝西北，一进三开间。通面阔6.7米，通进深4.2米，占地面积32.71平方米。均为硬山式屋顶。

张善玉宅

位于歙县坑口乡薛源村柔川自然村，建于清代。坐西北朝东南，主宅三开间上下对堂四合式建筑。占地面积283.5平方米。两厢及中门均槛门隔断，后宅为三开间靠壁天井。有瓜梁、雀替，砖木雕刻朴实无华。2006年被列为歙县重点文物保护单位。

张设荣、韩瑞发宅

位于黟县宏村镇大同村黄村口组，建于清代。坐北朝南，通面阔9.23米，通进深11.22米，占地面积103.5平方米。三开间前后厅中天井二层建筑。左厢上楼，右厢通外巷路，后檐墙门通厨房，照壁后上楼。

张时道宅

位于歙县森村乡公园村集和组，建于清代。坐北朝南，三开间『品』字形二层建筑。通面阔10.1米，通进深8.9米，占地面积89.89平方米。有砖木雕刻。

张氏二房

位于歙县坑口乡柔川村，建于清末。坐西北朝东南，三开间带天井四合式上下对堂。通面阔10.85米，通进深27.47米，占地面积298.05平方米。前为石板院，院中原建小书房一间，院门斜开，大门口有上马石。两厢及中门均为槛门隔断，后宅为三开间靠壁天井。左厢房一开间二层建筑。装有冬瓜梁、雀替，砖、木雕朴实无华。2006年被列为歙县重点文物保护单位。

张氏四房

位于歙县坑口乡柔川村，建于清末。坐西北朝东南，通面阔13.7米，通进深17米，占地面积232.9平方米。二进三开间带厢房带天井四合式上下对堂砖木结构三层建筑。上堂三层，后厢房，靠壁天井，木架结构穿斗式。2006年被列为歙县重点文物保护单位。

张淑娟宅

位于歙县森村乡绍村，建于清末。坐西南朝东北，一进三开间。通面阔11.15米，通进深10.4米，占地面积119.6平方米。左侧为『望天过海』侧壁，内设两厢。圆柱方梁，简洁明了。

张曙故居

位于歙县坑口乡薛源村柔川自然村，建于明末清初。坐北朝南，主屋通面阔9.56米，通进深19.7米；东偏屋通面阔9.25米，通进深15.2米，总占地面积约348平方米。正屋居西，三进三开间二天井，前进为门廊，中进二楼，后进三楼。大门为砖雕垂花门罩，进大门为天井，前厅三楹，二层，堂名『亦政堂』。2012年被列为安徽省重点文物保护单位。

张树勋宅

位于歙县徽城镇鲍川村鲍家庄老街，建于清代。坐南朝北，通面阔9.27米，通进深17米，占地面积约157.6平方米。三进带天井砖木结构二层建筑。

张树义宅

位于歙县徽城镇鲍川村鲍家庄老街，建于清代。坐南朝北，三进二天井砖木结构二层建筑。通面阔11.5米，通进深21.25米，占地面积244.4平方米。格子雕花门窗。大门上有砖雕，有小冬瓜梁。

张顺富宅

位于歙县森村乡公园村，建于清代。坐北朝南，通面阔10.9米，通进深12.5米，占地面积136.25平方米。上下对堂带天井。有砖木雕刻。

张松元、张宏彬宅

位于歙县深渡镇定潭村，建于清代。坐北朝南，三开间二过厢一天井上下对堂二层建筑。占地面积179.22平方米。窗饰有木雕。上下堂两边装厢房。堂壁后上楼。

张涛鑫宅

位于歙县森村乡公园村后街组，建于明代。坐西朝东，通面阔10.1米，通进深8.1米，占地面积81.81平方米。带天井二层建筑。

张同善宅

位于绩溪县华阳镇水圳塝下26号，建于清代后期。坐北朝南，占地面积160平方米。二进三开间二层建筑。东西厢房，前为庭院，三合土地坪，外围封火墙，室内的斜撑和隔扇雕刻非常精美。正厅的大门上有里外砖雕，雕工精美。

张铜青宅

位于徽州区潜口镇澄塘村东，建于清代。建筑面积117.38平方米。三开间二对堂。下堂二层建筑，上堂砖木结构三层建筑，门廊两层有屏门装修，红石板铺地、铺天井。下堂三间，明间为厅，次间为房。上堂三间分割，一层柱头装斜撑，三层檐口饰变形拱。

张文春等宅

位于歙县坑口乡坑口村芳坑自然村，建于清代。坐西北朝东南，一进三开间砖木结构二层建筑。通面阔10.3米，通进深6.6米，占地面积67.98平方米。前檐外排1米，石础较高，前部约2米。

张文洪宅

位于歙县坑口乡坑口村芳坑自然村，建于清代。坐西北朝东南，三开间楼房。通面阔10.08米，通进深5.85米，占地面积63.18平方米。门楼挑檐，前墙下半砌砖，上半装板，中间下半装板门。无砖木雕饰。

张文明等宅

位于歙县森村乡公园村联益组，建于清代。坐南朝北，三开间「品」字形二层建筑。通面阔9.5米，通进深8.1米，占地面积76.95平方米。

张文应宅

位于歙县雄村镇义成村，建于清代。坐北朝南，三进三开间二层建筑。通面阔10.4米，通进深8米，占地面积83.2平方米。门罩比较好。有花窗、格子窗，大门口有精美砖雕。

张武剑宅

位于绩溪县伏岭镇石川村，建于清代晚期。坐东南朝西北，占地面积208平方米。前后二进二层建筑。东西厢房，前后天井，撑拱承挑出檐，室内的狮撑、雀替、挂落、窗栏板雕刻精美。正厅上首悬挂书有『大耄彩娱』朱漆描金匾额。

张锡源等宅

位于歙县坑口乡瀹潭村瀹岭坞自然村，建于清代中期。坐西南朝东北，二进三开间四合式建筑。通面阔10.1米，通进深10米，占地面积101平方米。无下堂厅，下堂装六开中门隔断。两厢隔扇槛门、瓜梁、雀替木雕精美。

张喜太等宅

位于休宁县汪村镇田里村105号，建于清代。占地面积165.8平方米。坐东朝西，共二进。门罩砖雕饰花卉、人物。第一进四合式，地面铺青石，最大一块规格为2.5米见方，立柱及柱础均方形，雀替雕花鸟，丁头拱饰花卉、宝瓶，木隔扇门饰圈纹、变形龙及如意，隔扇窗饰方格，楼栏板下沿雕花卉、亭台楼阁。第二进三开间，结构简单。

张细莲宅

位于婺源县沱川乡河西村140号，建于明代。坐西朝东，由小院、前厅、后堂、余屋四部分组成。院门为券门，朝东，前厅大门为水磨砖门面，厅内明堂原为深坑，现已改平，铺青石，其他铺方砖。后堂明堂已改建，余屋原前后均有天井，改添建较严重。仅雀替略有雕饰。2005年被列为婺源县重点文物保护单位。

张仙翠宅

位于歙县溪头镇畔岔村，建于清代。坐西朝东，共两进。通面阔14.2米，通进深9.6米，占地面积136平方米。大门有砖雕门楼。

张献娟宅

位于歙县坑口乡阳坑村，建于清末。坐东南朝西北，三开间封闭式砖木结构二层建筑。通面阔9.1米，通进深6.9米，占地面积62.79平方米。『人』字脊，无马头墙，前墙下半砖砌，上半装板。简朴，无砖木雕饰。

张小芳等宅

位于歙县坑口乡薛源村吟外自然村，建于清末。坐北朝南，三进三开间砖木结构二层建筑。通面阔10.8米，通进深20.7米，占地面积223.56平方米。砖木石雕刻精美，仅有木雕槛窗、隔扇、柱撑、窗衣，建成后未及完善。

张小赖等宅

位于歙县徽城镇南屏村，建于清代。坐南朝北，一进三开间砖木结构二层建筑。通面阔6.35米，通进深8.2米，占地面积52平方米。有小冬瓜梁。

张小文宅

位于歙县森村乡绍村，建于清代。坐西南朝东北，二进三开间二层建筑。通面阔10.9米，通进深15.3米，占地面积166.77平方米。圆柱方梁。中进为天井，门前、楼内有精美砖、木、石雕刻，两厢雕花屏门相隔。内中为上、下对堂。内设华美，保存完好。

张晓辉宅

位于歙县徽城镇鲍川村鲍家庄老街，建于明代。坐北朝南，二进三开间二天井二层建筑。通面阔7.65米，通进深18.75米，占地面积143.4平方米。有冬瓜梁。有砖雕门楼。

张孝慈宅

位于歙县坑口乡薛源村吟外自然村，建于清末。坐北朝南，三开间靠壁天井砖木结构二层建筑。通面阔9.55米，通进深10.2米，占地面积97.41平方米。后将明堂加盖，原有柱撑、槛窗、窗衣。有精美砖雕。

张新好宅

位于歙县雄村镇朱村八组，建于清代。坐北朝南，一进一开间二层建筑。通面阔30.3米，通进深3.65米，占地面积110.6平方米。原店面房，木板门。

张新路等宅

位于歙县森村乡黄备村高潮组，建于清末。坐北朝南，二进三开间。通面阔10.7米，通进深23.1米，占地面积247.17平方米。双门楼。

张秀芳二号宅

位于歙县徽城镇南屏村忠堡自然村，建于清代。坐北朝南，一进三开间砖木结构二层建筑。通面阔3.8米，通进深10米，占地面积约38平方米。

张秀芳一号宅

位于歙县徽城镇南屏村忠堡自然村，建于清代。坐北朝南，一进三开间砖木结构二层建筑。通面阔10米，通进深9.8米，占地面积约98平方米。有砖雕、冬瓜梁、木雕。

张勋南宅

位于黟县碧阳镇柏山村姚村组，建于清代。坐西南朝东北，通面阔9.85米，通进深12.75米，占地面积125.6平方米。三开间上下厅带二厢中天井砖木结构二层建筑。三合土斜方格地面。

张业雄宅

位于绩溪县板桥头乡中村下村自然村74号，建于清代晚期。坐北朝南，占地面积105平方米。二进三开间砖木结构二层建筑。前进为单开间，后进为通转楼，东、西为厢房，中间置一天井，房屋略施雕刻。

张亿全宅

位于绩溪县华阳镇八角井19号，建于清代后期。坐北朝南，占地面积215平方米。上下对堂，二楼通转，东西厢房，中置天井，外围封火墙，室内的隔扇、斜撑、雀替雕刻精美，东边的厨房因年久失修倒塌，现已重新改建。2000年被列为绩溪县重点文物保护单位。

张义顺宅

位于徽州区潜口镇澄塘村陈村自然村里三组，建于清代。坐西北朝东南，建筑面积158.4平方米。三开间二对堂二层建筑。下堂为平房，进门门厅有两道门，两次间辟为房。上堂三间分割，明间为厅，次间为房，左右隔断竖砌而成，房间向厅开门，向天井开窗。

张瀛洲宅

位于歙县许村镇许村前溪自然村，建于清代。坐北朝南，一进三开间二层建筑。通面阔7.55米，通进深5.7米，占地面积44平方米。

张永远、张永根宅

位于歙县昌溪乡昌溪村周邦头自然村，建于清代。坐东北朝西南，一进三开间。占地面积33.6平方米。

张有金宅

位于歙县森村乡公园村联益组，建于清代。坐东朝西，三开间『品』字形二层建筑。通面阔9.3米，通进深6.8米，占地面积63.24平方米。有厢房。

张有全宅

位于歙县坑口乡瀹潭村瀹岭坞自然村，建于清代中期。坐西南朝东北，一进三开间砖木结构二层建筑。通面阔10.1米，通进深10米，占地面积101平方米。石板地面，木构架朴实无华，略有木雕。楼沿上有丁头拱。

张余庆宅

位于歙县森村乡黄备村，建于清代。一进三开间上下对堂二层建筑。通面阔16米，通进深15.6米，占地面积249.6平方米。狮子木雕精美。

张玉宝宅

位于黄山区三口镇白果树村红光组，建于清代。一进三开间。占地面积168.96平方米，高约5.5米。木架结构穿斗式，斜方格纹水门汀地面，板壁墙。

张裕生宅

位于歙县森村乡绍村，建于清光绪年间。坐东北朝西南，二进三开间。第一进通面阔10.5米，通进深13.5米，占地面积141.75平方米。天井后为第二进上下两层，为住房。门庭、屋内有精美砖雕、木雕。后有上下对堂。

张元春宅

位于歙县徽城镇南屏村潘岭自然村，建于清代。坐西朝东，一进三开间。通面阔8.5米，通进深5.1米，占地面积约43平方米。门楼有砖雕。

张源滋宅

位于歙县森村乡黄备村联盟组，建于明末。坐北朝南，二进三开间二层建筑。通面阔9.4米，通进深19.6米，占地面积184.24平方米。方柱，木雕质朴。

张月翠等宅

位于歙县徽城镇紫阳村，建于清代。坐南朝北，一进三开间砖木结构二层建筑。通面阔2.16米，通进深7.8米，占地面积23.9平方米。

张跃荣等宅

位于歙县小川乡小洲村红旗组，原系张氏大户宅，建于清代。坐北朝南，三进三开间二天井二层建筑。通面阔10.2米，通进深20米，占地面积204平方米。东侧和天井后侧有楼梯，天井的厢房有少量木雕，上堂与下堂均有厢房，共8间。

张云彪宅

位于歙县森村乡公园村，建于清末。通面阔9.3米，通进深8.8米，占地面积81.84平方米。有砖木雕刻。

张再旺宅

位于歙县郑村镇郑村，建于清代。一进三开间一天井。通面阔8.95米，通进深9.2米，占地面积82.24平方米。大堂坐西朝东，两边有厢房，气窗格子门，柱托略有雕刻，堂内有少许青砖。

张灶生宅

位于歙县坑口乡阳坑村四安组，建于清末。坐东南朝西北，四合式砖木结构二层建筑。通面阔9.4米，通进深10.4米，占地面积91.8平方米。马头墙，门前上马石，椽上有望砖，楼檐外伸，有美人靠，倒挂式门楼，雕刻精美。槛门隔扇下部已改。

张灶生宅

位于歙县坑口乡瀹源村瀹坑自然村，建于清代。坐东朝西，通面阔13.5米，通进深11.38米，占地面积153.63平方米。二天井砖木结构三层建筑。前后单披檐向内，中主宅。小方格窗，陶制筒形水枧，有望砖，楼上为一板一枕装修，楼板搁栅很密，相距约0.5米。楼厅祖宗座、祖宗牌位仍存。门楼简朴，窗户狭小。

张灶水等宅

位于歙县坑口乡坑口村芳坑自然村，建于清代。坐西南朝东北，一进三开间砖木结构二层建筑。通面阔9.7米，通进深6.2米，占地面积60.14平方米。前楼沿外增1米，左右厢下半砌墙，前檐上半全部装板。『人』字脊，无马头墙。

张泽民宅

位于歙县坑口乡薛源村柔川自然村，建于清末。坐东北朝西南，三进三开间砖木结构三层建筑。通面阔9.1米，通进深18.9米，占地面积171.99平方米。后进三层，前厅、后堂，砖木雕刻古朴。

张兆生宅

位于歙县坑口乡阳坑村岭坑口自然村，建于清代中期。坐东南朝西北，三开间二层建筑。通面阔9.4米，通进深8.7米，占地面积81.78平方米。无砖木雕刻，前有走廊、飞来椅，正间散装活动木门。

张哲明宅

位于绩溪县长安镇大谷村高田自然村，建于清代后期。坐北朝南，建筑面积197.2平方米。上下对堂，二楼通转，中置天井，撑拱承挑出檐，东西厢房，方砖地坪，东西过厢用冰裂纹和玻璃装饰，室内的人物撑、雀替、驼峰雕刻精美，整栋建筑保存完整。

张正乐宅

位于歙县森村乡公园村联益组，建于清代。坐北朝南，通面阔10.1米，通进深11.5米，占地面积116.15平方米。三开间带厢房。

张正荣宅

位于绩溪县扬溪镇东村85号，建于清代。坐北朝南，占地面积155平方米。二进三开间一天井二层建筑。前进是门厅，正房是一进三开间，东西厢房，撑拱承挑出檐，抬梁穿斗并用式梁架，室内的木雕构件雕刻非常精美。

张志和宅

位于歙县深渡镇漳村湾村自城组，建于清代。坐西朝东，二进三开间二过厢上下对堂二层建筑。通面阔8.5米，通进深13.2米，占地面积112.2平方米。中间有天井，天井右侧有楼梯。二楼和一楼厢房条格窗。大门顶挑檐，有砖雕，周边镶青砖。

张中淦宅

位于歙县坑口乡阳坑村岭坑口自然村，建于清末。坐东南朝西北。通面阔3.75米，通进深6.85米，占地面积26.7平方米。一开间砖木结构二层建筑。『人』字脊挑楼。

张中泽宅

位于歙县坑口乡阳坑村岭坑口自然村，建于清末。坐西北朝东南，砖木结构二层建筑。通面阔9.92米，通进深6.8米，占地面积67.5平方米。无木雕，有砖砌简朴门楼。

章爱如宅

位于绩溪县瀛洲镇汪村126号，建于清代后期。坐东朝西，占地面积156平方米。上下对堂，二楼通转，中间设一天井，二楼有美人靠装饰，三合土地坪，外砌封火墙。室内的木雕构件雕工精美，整幢建筑保存完整。

章宝仙宅

位于绩溪县瀛洲镇龙川村80号，建于清代后期。坐北朝南，占地面积170平方米。一进三开间上下对堂重檐式二层建筑。抬梁穿斗并用式梁架，三合土地坪，外围封火墙。室内木构件不施雕刻，整栋建筑保存完整。

章彩菱宅

位于绩溪县瀛洲镇仁里村168号，建于清代晚期。坐东北朝西南，占地面积184平方米。前、后两进，二楼通转，前进为正厅和卧房，后进为厨房和附属房。硬山式屋顶，抬梁穿斗并用式梁架，三合土地坪，前檐置一天井。

章澄宇宅

位于绩溪县华阳镇西山22号，原名『文承堂』，建于清光绪四年(1878)。坐西朝东，占地面积350平方米。由前、中、后三部分组成，前为门厅，中有庭院，后部是建筑主体。方砖地坪，外围封火墙，砖雕、门罩、木构件雕刻精美。

章传楷宅

位于绩溪县伏岭镇湖村大石桥上55号，建于清代后期。坐西朝东，一进三开间二层建筑。占地面积104.5平方米。硬山式屋顶，外围封火墙，三合土地坪。前檐置一天井，二楼撑拱承挑出檐，二楼檐部装置裙板，抬梁穿斗并用式梁架，门楼有精美的砖雕门罩。整幢建筑保存完整。梁架和基础较好，室内的木雕构件全都拆下存放，屋面略漏雨。

章刚强宅

位于绩溪县伏岭镇湖村21号东，建于清代晚期。坐北朝南，占地面积176.5平方米。上下对堂，二楼通转，中置天井，东西厢房，抬梁穿斗并用式梁架，三合土地坪，室内的斜撑、雀替、窗门雕刻精美，石础雕刻瓜棱状，别致新颖。

章光辉宅

位于绩溪县伏岭镇湖村大石桥上7号，建于清代晚期。坐东北朝西南，占地面积110平方米。硬山式屋顶，外围封火墙，三合土地坪。大门内有木质影壁，大门上有精美的砖雕门罩。

章光芒宅

位于绩溪县伏岭镇湖村大石桥下23号，建于清代中后期。坐北朝南，占地面积149平方米。上下对堂，二楼通转，中间置一天井，撑拱承挑出檐，二楼矮窗装饰，硬山式屋顶，三合土地坪，外围封火墙，门楼上有精致的砖雕门罩，室内木雕构件精美。1998年被列为安徽省重点文物保护单位。

章恒本宅

位于绩溪县华阳镇西山43号，建于清代中后期。坐西朝东，占地面积194平方米。上下对堂，中间置一天井，室内的隔扇、斜撑和雀替雕刻精美。2000年被列为绩溪县重点文物保护单位。

章恒悰宅

位于绩溪县华阳镇秦家巷18号，建于清代早中期。坐西北朝东南，三进三开间。占地面积375平方米。硬山式屋顶，外围封火墙，抬梁穿斗并用式梁架。前进明间『人』字轩顶，大门开在前檐墙中部，有木板影壁。2000年被列为绩溪县重点文物保护单位。

章洪柏宅

位于绩溪县华阳镇西山18号，俗称『大屋』，建于清代中后期。坐西朝东，占地面积670平方米，前后三进，每进中置一天井。前进为廊部，中进的前部分为拱形轩顶，后部分为二层建筑，后进为二楼通转，左侧为二层的厨房，厨房后为附属建筑。房内的斜撑、雀替、隔扇雕刻精美。2000年被列为绩溪县重点文物保护单位。

章家驹宅

位于徽州区潜口镇潜口村唐鸭路，建于清代。坐南朝北，建筑面积185.56平方米。一进三开间楼房。楼下三间通栏为大厅，大方砖正铺地，一层很高。楼上三间分割，明间为厅，两次间为房，房间隔断用砖竖砌而成，楼面原为小方砖铺地，屋面有望砖。

章金花宅

位于歙县雄村镇鲍坑村，建于清代。坐北朝南，一进三开间一天井。通面阔9.56米，通进深9.35米，占地面积89.4平方米。格子窗。有方形石柱础，有厢房。

章金仙宅

位于歙县北岸镇呈村降村留村自然村，建于清代。坐西朝东，一进三开间。通面阔8.75米，通进深9.55米，占地面积83.56平方米。门楼有诸多砖雕、木雕，较精美。

章来金宅

位于歙县北岸镇瞻淇村190号，建于清代。坐北朝南，一进三开间。通面阔8.4米，通进深11.4米，占地面积95.76平方米。内有部分木雕。

章来寿宅

位于黄山区耿城镇辅村下任组，建于晚清。一进三开间。占地面积118.09平方米，高约5米。硬山式屋顶，木架结构穿斗式，中柱直接到顶，水门汀地面，天井下明堂地沟式，白灰墙。有斜撑8个（有残缺）。

章来锡宅

位于绩溪县伏岭镇北村古塘里81号，建于清代晚期。坐西北朝东南，占地面积100平方米。一进三开间二层建筑。东西厢房，前置天井，撑拱承挑出檐，抬梁穿斗并用式梁架，三合土地坪，外围封火墙，二楼有美人靠装饰。

章兰娟宅

位于绩溪县华阳镇水关巷6号，建于清代后期。坐北朝南，占地面积211平方米。上下对堂，中有天井，二楼通转，东、西、南三向砌封火墙，大门开在南檐墙中部，饰垂花式砖雕门罩，大门内设木板影壁，过厢装修隔扇，裙板雕刻『十骏图』。

章连胜宅

位于歙县徽城镇南屏村忠堡自然村，建于清代。坐北朝南，二进三开间上下对堂砖木结构二层建筑。通面阔18.5米，通进深11米，占地面积约203平方米。天井下明堂较为开阔，格子门窗，墙角有砖雕，梁柁有斜撑，门楼有砖雕。

章列等宅

位于歙县北岸镇呈村降村留村自然村，建于清代。坐北朝南，一进三开间。通面阔10.6米，通进深9.5米，占地面积100.7平方米。门楼有砖雕，内有木雕。

章林海宅

位于绩溪县上庄镇石家村8号，建于清代中期。坐南朝北，面阔三间，进深六间，占地面积180平方米。硬山式屋顶，外砌封火墙，抬梁穿斗并用式梁架，方砖地坪。大门开在北檐墙中部，五飞砖门罩，砖雕完整。大门内设一檐廊，其后是天井，东、西、南三向用条石砌深28厘米的水池，撑拱承挑出檐，檐部装置矮窗，北檐墙背面盖1片单坡屋顶。2004年被列为安徽省重点文物保护单位。

章隆华宅

位于徽州区潜口镇唐模村水街，建于清代。坐南朝北，建筑面积83.23平方米。一进三开间二层建筑。进门三间全作一大厅，两边山墙有竖墙装饰。楼上明间为厅，两次间为房，坎上装格子门，窗口有栏板。

章美榴宅

位于绩溪县瀛洲镇仁里村212号，建于清代后期。坐北朝南，占地面积100平方米。由庭院和正厅两部分组成。正厅为一进三开间二层建筑。抬梁穿斗并用式梁架，撑拱承挑出檐，前檐檐部设一天井。室内木雕构件斜撑、驼峰、雀替、挂落、窗栏板雕刻精美。

章明林宅

位于黄山区仙源镇龙山村南门桥东侧，建于清代。占地面积112平方米。一进三开间。木架结构穿斗式，正屋后添盖一间脚屋，并有天井。整体框架、木构件保存完好，水门汀地面，天井下明堂平铺式，有斜撑2个、梁袱6个，照壁上现存6块格子门栅。

章明义等宅

位于黄山区仙源镇龙山村南门桥东侧，建于清代。占地面积304平方米。一进三开间。大门前建倚屋2幢，为一进三开间。正屋上堂为小阁楼，天井下明堂平铺式，水门汀地面，有简易斜撑6个，现剩花格窗1对、格子门1副。

章平波宅

位于绩溪县瀛洲镇仁里村28号，建于清代晚期。坐西北朝东南，占地面积169平方米。大门开在前厅的左侧，前后两进，前进为二层建筑。前檐置一天井，二楼矮窗装饰，东西厢房，后进中间设一天井，二楼通转，撑拱承挑出檐，东西厢房，抬梁穿斗并用式梁架，三合土地坪，外围封火墙，室内的斜撑、隔扇雕刻精美。

章巧如宅

位于绩溪县华阳镇四门川20号，建于清代中期。坐北朝南，占地面积180平方米。二进前后天井二层建筑。二楼矮窗装饰，东西厢房，过厢用隔扇装饰，隔扇的裙板上雕有各式博古花卉，上一部分镂空雕刻蝙蝠，非常精细。

章荣桂宅

位于歙县森村乡公园村红光组，建于清咸丰年间。通面阔9.3米，通进深7米，占地面积65.1平方米。有木、石雕刻。

章三猫、吴立菊宅

位于歙县北岸镇呈村降村留村自然村，建于清代。坐北朝南，一进三开间。通面阔10.5米，通进深10.42米，占地面积109.41平方米。门楼有部分砖雕，被泥覆盖。内有少量木雕。

章世照宅

位于绩溪县伏岭镇湖村大石桥下45号，建于清代晚期。坐西北朝东南，占地面积120平方米。一进三开间二层建筑。硬山式屋顶，外砌封火墙，抬梁穿斗并用式梁架，三合土地坪。前檐设一天井，二楼装置裙板和矮窗，大梁和方梁上都有精美雕刻，大门开在西南向，东南向有一砖质照壁，上有彩绘『八仙过海』和福禄寿三星。

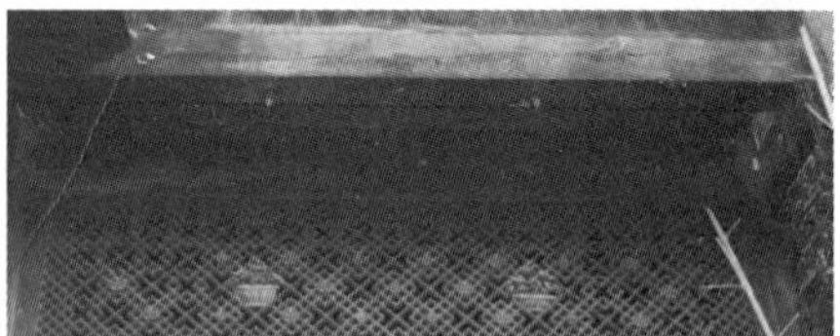

章唐云宅

位于绩溪县伏岭镇湖村大石桥下19号，建于清代中后期。坐西朝东，占地面积225.25平方米。面阔三间，进深五间。硬山式屋顶，南、北、东三向砌封火墙，抬梁穿斗并用式梁架，三合土地坪，设楼，撑拱承挑出檐，檐部装置裙板和矮窗。大门开在东檐墙东北隅，门罩砖雕精美，室内的木雕构件雕刻精美。1998年被列为安徽省重点文物保护单位。

章伟群宅

位于歙县北岸镇呈村降村留村自然村，建于清代。坐北朝南，一进三开间。通面阔10.4米，通进深9.5米，占地面积98.8平方米。门楼有部分砖雕，内有部分木雕。

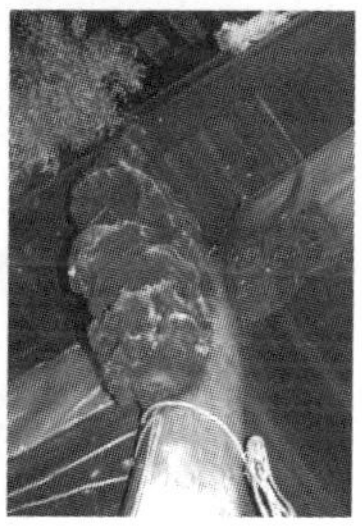

章渭彬宅

位于绩溪县伏岭镇湖村大石桥下41号，建于清代晚期。坐西朝东，一进三开间二层建筑。占地面积93.5平方米。硬山式屋顶，外砌封火墙，抬梁穿斗并用式梁架，三合土地坪。前檐设一天井，二楼装置裙板和矮窗，室内的斜撑、雀替、驼峰雕刻精美，砖雕门罩雕刻精美。

章文斌等宅

位于黄山区耿城镇辅村，又称『花厅』，建于清代。整体院落式。正室为二进五开间，门向东，左厢为院落偏房（花厅），西厢余屋5间，木架结构穿斗式，水门汀地面，白灰墙。天棚望砖。内有大量木雕构件、花格窗等。

章文儿宅

位于徽州区西溪南镇西溪南村一心组，建于清代。坐北朝南，建筑面积187.83平方米。二进三开间上下对堂二层建筑。前进为一脊翻两堂，临街三间显厅，原为店面。下堂三间分割，中为厅。上堂三间分割，明间为厅，两次间为房。楼上走马楼。

章文思宅

位于歙县郑村镇堨田村六组，建于清代。坐西朝东，二进三开间带天井二层建筑。通面阔8.55米，通进深12.3米，占地面积105.2平方米。天井下明堂西侧有厢廊，厢廊有木雕刻，厅堂青砖铺地，梁撑有雕刻。

章文植宅

位于歙县徽城镇南屏村忠堡自然村，建于清代。坐北朝南，砖木结构二层建筑。通面阔7.4米，通进深6.6米，占地面积48.8平方米。

章熙尧宅

位于绩溪县瀛洲镇瀛洲村229号，建于清代后期。坐北朝南，占地面积158平方米。二进二层建筑。硬山式屋顶，外砌封火墙，三合土地坪，抬梁穿斗并用式梁架，撑拱承挑出檐，前、后檐檐部设天井，东西厢房。整体建筑保存完整，室内的撑拱、雀替、驼峰雕刻精美。

章小光宅

位于绩溪县伏岭镇湖村大石桥上21号，建于清代晚期。坐南朝北，占地面积115平方米。硬山式屋顶，外砌封火墙，三合土地坪，前檐设一天井，撑拱承挑出檐，二楼有矮窗装饰，抬梁穿斗并用式梁架，室内木构配件和砖雕门罩雕刻精美。

章小英宅

位于歙县雄村镇朱村六组，建于清代。坐南朝北，一进三开间二层建筑。通面阔10.5米，通进深9.3米，占地面积97.65平方米。楼梯设在外面。

章孝多宅

位于歙县森村乡渔岸村，建于清代。坐东朝西，通面阔10.3米，通进深14.2米，占地面积146.3平方米。内设三间，中为天井，上下两层，有精美石、木、砖雕刻及雕花屏门，圆柱方梁。进门左间后期修复，右间为典型清代风格。

章孝军宅

位于歙县坑口乡薛源村柔川自然村，建于清初。坐东北朝西南，三开间『品』字形二层建筑。通面阔10.4米，通进深7.6米，占地面积79.04平方米。有左右厢槛门，砖木雕刻精美。

章秀军宅

位于歙县溪头镇晔岔村，建于清代。坐北朝南，二进三开间。通面阔9.8米，通进深11.95米，占地面积117.1平方米。有简易砖雕门楼。

章秀兰宅

位于绩溪县瀛洲镇坑口村137号，建于清代后期。坐北朝南，占地面积195平方米。一进三开间二层建筑。前檐设一天井，撑拱承挑出檐，抬梁穿斗并用式梁架，三合土地坪，外砌封火墙。室内的木构件略施雕刻，整体建筑保存完整。

章永源宅

位于歙县徽城镇南屏村忠堡自然村33号，建于清代。坐北朝南，二进三开间砖木结构二层建筑。通面阔5.3米，通进深13米，占地面积约69平方米。有门楼，小天井，格子窗，上堂正厅较小，有冬瓜梁。

章有财宅

位于歙县徽城镇渔梁街39号，建于清末。坐北朝南，一进三开间楼房。通面阔3.8米，通进深13.35米，占地面积50.73平方米。天花板和墙壁均用壁纸糊住，看不出原貌。

章约仙宅

位于绩溪县华阳镇城墙路10号，建于清代后期。坐东北朝西南，占地面积161平方米。上下对堂一天井带厢房砖木结构二层建筑。二楼通转，过厢有隔扇装饰，二楼有矮窗装饰，室内有狮撑、雀替等木雕构件，撑拱承挑出檐，三合土地坪，外砌封火墙。

章月仙宅

位于歙县深渡镇漳岭山村团结组，建于清代。坐东朝西，一进三开间二过厢二层建筑。通面阔10.2米，通进深9米，占地面积91.8平方米。厅后设楼梯。大门顶挑檐，镶青砖及砖雕。

章灶娟宅

位于绩溪县临溪镇周坑村91-1号，建于清代晚期。坐北朝南，占地面积135平方米。一进三开间一天井二层建筑。东西厢房，三合土地坪，外砌封火墙，前有一庭院，室内的斜撑、雀替、隔扇雕刻精美。

章灶科宅

位于绩溪县华阳镇城墙路18号，建于清代后期。坐东北朝西南，占地面积90平方米。一进三开间二层建筑。前檐设一天井，撑拱承挑出檐，二楼有矮窗装饰。室内有斜撑、雀替等木雕构件，西边过厢有隔扇装饰，三合土地坪，外砌封火墙，前有一大庭院。

章正泳宅

位于绩溪县华阳镇城墙路42号，建于清代后期。坐北朝南，占地面积160.7平方米。硬山式屋顶，东、南、西三向砌封火墙，抬梁穿斗并用式梁架，三合土地坪，撑拱承挑出檐，前檐设一天井。

章志武宅

位于绩溪县华阳镇城墙路36号，建于清代后期。坐北朝南，占地面积271平方米。共有前、中、后三进。前后天井，硬山式屋顶。东、南、西三向砌封火墙，抬梁穿斗并用式梁架，三合土地坪，前进设『人』字轩顶，东西设房，大门开在有飞砖门罩的南檐墙中部，中进前檐设天井，东西有厢房，设楼，撑拱承挑出檐，檐部装置矮窗。

章志勇宅

位于绩溪县华阳镇西山44号，建于清代早期。坐西朝东，占地面积105平方米。一进三开间二层建筑。前为天井，正厅为上下两层，楼上的隔扇完整，清光绪年间进行过大修。梁架和基础保存完好。2000年被列为绩溪县重点文物保护单位。

章周坤宅

位于绩溪县家朋乡尚村102号，建于清代晚期。坐南朝北，占地面积100平方米。二进三开间二层建筑。前后进均为抬梁穿斗并用式梁架，撑拱承挑出檐，前檐檐部设一天井。室内的木雕构件雕刻精美。

章祖望宅

位于绩溪县伏岭镇湖村大石桥下23号对面，建于清代中后期。坐西朝东，占地面积169平方米。共有前、后两进，前进为二层，前檐一天井，撑拱承挑出檐，二楼矮窗装饰，后进为上下对堂，二楼通转，置一天井，三合土地坪，外砌封火墙，室内木雕构件雕刻精美，门楼上有精致的砖雕门罩。1998年被列为安徽省重点文物保护单位。

赵昌传等宅

位于黄山区仙源镇龙山村，建于清末。占地面积92平方米。二进三开间。木架结构穿斗式，框架基本完整。木构件已损坏，现有斜撑7个，格子棚门6块，水门汀地面，天井下明堂平铺式。

赵传芳宅

位于歙县王村镇新安村烟村自然村，建于清光绪年间。二进三开间砖木结构二层建筑。通面阔10.32米，通进深10.1米，占地面积104.23平方米。大门朝西，门前为坦。有砖雕门楼。

赵光明等宅

位于黄山区仙源镇龙山村车站组，建于清代。占地面积122平方米，高约5.5米。二进三开间。木架结构穿斗式，斜方格纹水门汀地面，天井下明堂平铺式，板壁墙，天棚望砖。斜撑残存4个。

赵火权宅

位于黟县宏村镇汤蜀村岭下组，建于清代。坐北朝南，通面阔9.37米，通进深7.31米，占地面积68.3平方米。三开间带二厢有天井二层建筑。左厢侧耳门通厨房，右厢侧耳门通偏屋。

赵寿长宅

位于黟县宏村镇汤蜀村岭下组，建于清代。坐北朝南偏东，通面阔8.03米，通进深7米，占地面积56.2平方米。三开间带二厢有天井二层建筑。照壁后上楼，大门朝前，右厢侧耳门通偏厅，左厢侧耳门通外路。三合土斜方格地面。

赵锡富宅

位于黟县宏村镇龙江村林村组，建于清末。坐东北朝西南，通面阔8.8米，通进深10.85米，占地面积95.5平方米。三开间前堂后厅中天井二层建筑。正面大门，左侧门通厨房，照壁后上楼。木构架、装修整体保存较好。

赵中正宅

位于绩溪县临溪镇临溪村103号，建于清代晚期。坐北朝南，占地面积110平方米。一进三开间二层建筑。东西厢房，正厅的东侧厢房改建成一间平房。三合土地坪，外砌封火墙，室内的斜撑、雀替略施雕刻，砖雕门楼精美。

赵祖鹏宅

位于歙县王村镇新安村烟村自然村290号，建于清代。一进三开间砖木结构二层建筑。通面阔9.8米，通进深10.2米，占地面积98平方米。门楼有砖雕，被泥覆盖，北侧窗口有绘画。堂前四柱到顶，明堂二楼有木头围栏。门口正前堂和北侧有照壁。

浙源客馆

位于婺源县浙源乡凤山村（现乡政府所在地），为凤山查氏宗祠附属建筑。坐西朝东，砖木结构二层建筑。占地面积352平方米，高9.4米。内有一鱼塘，长9.27米，宽9.03米。旁有一棵桂花树，其上方为客馆屋，地铺木板，现所有木构件已施油漆。现作为乡政府办公场所，整体原貌已失。2013年被列为全国重点文物保护单位。

枕善居

位于歙县北岸镇瞻淇村中巷，建于明代。坐西朝东，一进三开间。通面阔10.15米，通进深5.8米，占地面积59平方米。门楼有雕刻，内有部分木雕，内有『枕善居』匾额，字已模糊。

枕石小筑

位于黟县西递镇西递村，建于清道光年间。坐西朝东，三开间二层建筑。通面阔8.5米，通进深7.2米，占地面积277平方米，建筑面积445平方米。大门砖砌『八』字门楼，上嵌砖刻『紫气东来』。大门内有门厅，建有玉壶绿叶形小门洞，正屋大厅富丽堂皇，『笃谊庭』堂额高悬于太师壁，有彩绘天花，卧房亦彩绘绚丽，室内雀替、枋撑、门窗木雕精巧，造型生动。2001年被列为全国重点文物保护单位。

振源堂

位于婺源县思口镇思溪村，为茶商俞仲暄宅第，建于清嘉庆年间。占地面积254平方米。典型的徽派官邸、商宅，重楼华丽，斗室清幽，砖雕木雕繁复精美，图案别具匠心，雍容典雅。有前宅、后宅和偏院。2006年被列为婺源县重点文物保护单位。

郑百乐宅

位于休宁县海阳镇川湖村里滩自然村，建于清代。坐北朝南，三进三开间二层建筑。通面阔10.10米，通进深17.60米，占地面积182.33平方米。大门居中。门楼朴实，雀替、斜撑雕刻花卉图案，木隔扇窗雕小方格图案。

郑柏来等宅

位于黄山区仙源镇龙山村水关组（黄龙巷），建于晚清。占地面积260平方米，高约5.5米。二进五开间。前后进间有一天井，两厢各有一耳井。木架结构穿斗式，斜方格纹水门汀地面，天井下明堂平铺式，白灰砖墙，天棚望砖，卷棚月梁。有月梁1对，为双狮戏球，有斜撑6个。

郑宝权宅

位于黟县宏村镇屏山村，建于清末。坐东朝西，通面阔5.24米，通进深6.76米，占地面积34.3平方米。二开间带一厢。左墙设门通厨房。

郑承业宅

位于黟县碧阳镇石亭村，建于清代。坐南朝北，通面阔9.85米，通进深8.45米，占地面积83.2平方米。一进三开间带二厢一天井砖木结构二层建筑。木铺楼板。

郑春强宅

位于祁门县小路口镇西石坑村石一组1-29号，建于清末。坐西南朝东北，前后厅式带四厢砖木结构二层建筑。通面阔9.6米，通进深10.4米，占地面积100平方米。中设楼梯，后设天井，青石、木板铺设地面。

郑春文等宅

位于歙县三阳镇上坦村，建于清代。坐东朝西，二进三开间楼房。通面阔9.3米，通进深11.6米，占地面积108平方米。大门有简易门楼，内部雀替、窗栏等构件有雕刻。

郑纯杉宅

位于歙县富堨镇承狮村狮山组，建于清代。坐北朝南，一进三开间。通面阔7.6米，通进深11米，占地面积83.6平方米。下堂有厢房，梁有雕花。

郑村西园

位于歙县郑村镇郑村后街，始建于明代，清代扩建。原建筑占地面积1700平方米，约现存1200平方米。元代里人郑千龄，人称贞白先生，廉洁勤政。其后人为纪念他而立『贞白里坊』。双柱单间，宽3米，高4.5米。2012年被列为黄山市重点文物保护单位。

郑大毛宅

位于祁门县渚口乡清溪村清三组31号，建于清末。前后堂中天井砖木结构二层建筑。通面阔10.5米，通进深20.8米，占地面积218平方米。前厅穹形轩顶，设砖雕花窗，后堂为走马楼式，过间横梁雕刻人物及戏曲故事，砖、青石板铺设地面。

郑光佑宅

位于黟县碧阳镇石亭村，建于清代。坐北朝南，通面阔9.65米，通进深16.05米，占地面积154.9平方米。二进三开间二天井带二廊二层建筑。前进天花板有彩绘，砖、木、石构配件雕刻精致。

郑贵权宅

位于祁门县芦溪乡查湾村75号，建于清代。坐北朝南，砖木结构二层建筑。通面阔8.2米，通进深7米，占地面积57平方米。前设天井，屋内木雕精美。

郑国正宅

位于祁门县古溪乡谢家村许村组，建于清代。坐东北朝西南，二进五开间砖木结构二层建筑。通面阔15米，通进深15.5米，占地面积233平方米。中设天井，天井明堂两侧设楼廊，正堂显柱落地，青石、木板铺设地面。

郑华等宅

位于黄山区三口镇湘潭村丁村组，建于清代。二进三开间二天井。占地面积148.5平方米，高约5米。木架结构穿斗式，水门汀地面，天井明堂地沟式，板壁墙，天棚望板，有阁楼。

郑建华宅

位于徽州区呈坎镇呈坎村西乌石自然村，建于清代。坐西朝东，建筑面积183.2平方米。三开间上下对堂四合式二层建筑。下堂明间为厅，西次间为房。上堂三间分割，中间为厅，两次间为房。

郑建生宅

位于徽州区呈坎镇呈坎村西乌石自然村，建于清代。坐西南朝东北，建筑面积 83.6 平方米。三开间上下对堂二层建筑。上堂三间门厅两次间装小房。上堂三间分割，明间为厅，两次间为房，明间大方砖斜铺地。楼上为走马楼，三间分割。

郑君宅

位于歙县雄村镇雄村，建于明代。坐北朝南，二进三开间二层建筑。通面阔 10.6 米，通进深 9.8 米，占地面积 103.88 平方米。有格子窗，有雀替。

郑克介宅

位于歙县郑村镇郑村十组，建于清代。坐东北朝西南，一进三开间。通面阔9.9米，通进深10.5米，占地面积103平方米。有漏窗。

郑克亚宅

位于歙县郑村镇郑村二组，建于清代。坐北朝南，二进三开间。通面阔8.8米，通进深17.15米，占地面积150.9平方米。两边有厢房，天井南边各有厢房，通气窗有格子，正堂内砖铺地，天井明堂石板铺地。

郑来河、程居胡宅

位于歙县富堨镇青山村善西组，建于清代。坐西朝东，一进三开间。通面阔8.75米，通进深6.2米，占地面积54.3平方米。二层建筑。北边为厨房。有门楼。

郑名钧等宅

位于歙县富堨镇青山村项东组，建于清代。坐北朝南，一进三开间二层建筑。通面阔10.3米，通进深12.85米，占地面积132.4平方米。梁有雕花，下堂有厢房。

郑明礼宅

位于徽州区呈坎镇呈坎村西乌石自然村，建于清代。坐西南朝东北，建筑面积131.14平方米。三开间上下对堂二层建筑。有砖雕门罩。下堂很浅，明间为厅，两次间装小房。上堂三间分割，明间为厅，次间为房，柱头有雕花斜撑。楼上三间分割。

郑仁毅等宅

位于歙县杞梓里镇唐里村，又称『集义堂』，建于清末。二进三开间。占地面积约126.96平方米。砖雕门楼，青石门框，边镶有石雕，屋内前进及天井明堂为青石板铺就，正厅柱为柏木，梁柁、雀替为木雕，窗户雕有人物及戏曲故事，梁、柱、板壁均油漆红色。

郑荣庆宅

位于徽州区西溪南镇竦塘村金竹坞自然村一组，建于清代。坐南朝北，建筑面积130平方米。三开间上下对堂二层建筑。青石铺地，两次间装房。上堂三间分割，中间为厅，两次间为房。楼上三间分割，三面均装隔扇门，屋面有木天花，檐口有望板。

郑荣仙宅

位于歙县许村镇塔山村，建于清代。坐南朝北，一进三开间楼房。通面阔6.8米，通进深5.7米，占地面积38.76平方米。底层未设房间，有简易门楼。

郑式奇宅

位于歙县郑村镇郑村七组，建于清代。坐北朝南，一进三开间。通面阔9.9米，通进深7.45米，占地面积73.7平方米。两边有厢房，气窗门有少许雕刻。梁柁有雕刻。

郑树华宅

位于绩溪县华阳镇白石鼓25-1号，建于清代后期。坐北朝南，占地面积445平方米。正厅为上下对堂，二楼通转，东西厢房，正厅旁有一个小客厅，小客厅前为厨房和附属房，旁边有一个三开间的客厅。厢房两边的隔扇及斜撑、挂落雕刻精美，二楼的隔扇完整。

郑树基宅

位于徽州区西溪南镇竦塘村葆村自然村三组，建于清代。坐北朝南，建筑面积65.69平方米。三开间上下对堂二层建筑。进门为门套，东首有门通大屋，西边为单间。上堂为厅，三面木装修。楼上隔断为两间房，每间居中双开格子门，屋面无望砖。

郑树民宅

位于祁门县小路口镇西石坑村石一组1-36号，建于清末。坐西朝东，一厅带二厢砖木结构二层建筑。通面阔9.2米，通进深9米，占地面积83平方米。前设天井，砖雕门罩，整体保存较好。

郑同元宅

位于歙县富堨镇仁里村北丰组，建于清代。坐西朝东，一进三开间二层建筑。通面阔10米，通进深11.8米，占地面积118平方米。梁上有雕花。

郑万进宅

位于屯溪区屯光镇富礼村（礼堂厦93号），建于清末。坐北朝南，三开间砖木结构走马楼式二层建筑。占地面积约121平方米。明间为厅，次间为厢房，上下堂布局，天井与明间之间无落差。天井东侧设有耳房一间，窗花、斜撑等木构件均雕花装饰。

郑宪城宅

位于祁门县芦溪乡奇口村河西组63号，建于清代。坐西朝东，二进三开间前后厅式砖木结构二层建筑。通面阔10米，通进深12.4米，占地面积124平方米。大门设在北侧，砖雕门罩，前设天井，青石、木板铺设地面。

郑小峰宅

位于黟县碧阳镇石亭村，建于清代。坐东北朝西南，通面阔8.9米，通进深7.15米，占地面积63.6平方米。前后进三开间带二厢有天井二层建筑。隔扇门窗、横风窗和砖雕门楼制作较精致，保护完好。

郑小九宅

位于黟县宏村镇古溪村史村组，建于清代。坐东朝西，通面阔9.69米，通进深9.38米，占地面积90.9平方米。三开间带二厢有天井二层建筑。右厢侧耳门通内巷为入口大门，右厢上楼。三合土地坪。

郑心船宅

位于黄山区三口镇湘潭村黄石组，建于清末。占地面积84平方米，高约5米。一进二开间店铺。木架结构穿斗式，水门汀地面，板壁墙，有阁楼。原为两进，后进被拆，前进为二开间，后进为三开间。

郑心排等宅

位于黄山区三口镇湘潭村黄石组，建于清末。二进三开间店铺。占地面积125平方米，高约5米。木架结构穿斗式，水门汀地面，板壁墙，西侧有一巷道通入后进。

郑信云宅

位于绩溪县伏岭镇横行村32号，建于清代后期。坐东北朝西南，占地面积398平方米。二进三开间二层建筑。前有一庭院，前进为东西厢房，后进坐东南朝西北，东西厢房。前后进设天井，东西两边的挂落图案精美，狮撑、雀替雕刻精致。

郑行力宅

位于歙县富堨镇中溪村丰口自然村一组，建于清代。坐北朝南，一进三开间楼房。通面阔8.6米，通进深11.1米，占地面积95.5平方米。后有厨房。

郑银菊一号宅

位于歙县昌溪乡昌溪村红心自然村太湖祠坦，建于清末。坐东北朝西南，一进三开间。通面阔7.9米，通进深7.4米，占地面积60平方米。无门楼，屋内保持清末格局，梁撑、梁柁等有雕饰，厢房也有雕花，暗天井。

郑永生宅

位于祁门县古溪乡谢家村许村自然村，建于清末。坐东南朝西北，『回』字形砖木结构二层建筑。通面阔10米，通进深10.8米，占地面积108平方米。中设天井，屋内无精雕细作，二楼较低。

郑永义宅

位于祁门县渚口乡清溪村，建于清末。坐北朝面，二进三开间砖木结构二层建筑。通面阔10米，通进深19.6米，占地面积196平方米。前后堂，中设楼梯，后有天井，屋内花窗、隔扇已失。

郑雨林宅

位于徽州区富溪乡长坞村集心组，建于清末。建筑面积137平方米。上下对堂，北向斜开大门，上施精致砖雕门罩。中为厅堂，两廊清水槛墙，上为开光套窗，临天井明堂向厢房隔扇及窗栏杆有雕刻，四角有人物雕刻斜撑。

郑元修宅

位于屯溪区屯光镇富礼村（礼堂厦77号），建于清代。占地面积约227平方米。坐北朝南，二进三开间砖木结构二层建筑。前进为抬梁式大厅，二进为走马楼，天井与明间均用石板铺砌，无落差。斜撑、雀替等构件雕花装饰，花窗保存较好。

郑云高宅

位于歙县许村镇许村东沙组，建于明末清初。坐东朝西，一进五开间带天井楼房。通面阔14.5米，通进深8.2米，占地面积118平方米。

郑珍娣宅

位于歙县雄村镇庄源村三组，建于清代。一进三开间。通面阔7.79米，通进深6.86米，占地面积54.7平方米。有冬瓜梁、梁柁、天窗。有花板和格子窗。

郑振义宅

位于歙县富堨镇青山村善东组，建于清代。坐东朝西，一进三开间二层建筑。通面阔10.1米，通进深13.5米，占地面积136.4平方米。下堂有厢房，南边为厨房。

郑中国等宅

位于黄山区三口镇湘潭村徐星组，建于清末。占地面积129.22平方米，高约5米。二进三开间临街店面。木架结构穿斗式，水门汀地面，板壁墙。天井下明堂平铺式。

郑中洲等宅

位于黄山区三口镇湘潭村，建于晚清。一主一附组合式建筑。主屋为二进五开间，附屋为一进三开间。前有门楼，高约6米，占地面积441.94平方米。木架结构穿斗式，水门汀地面，天井下明堂地沟式，板壁墙，天棚卷棚望砖。

郑忠成等宅

位于黄山区三口镇湘潭村立潭组，建于清末。占地面积176.8平方米，高约5米。二进二开间临街店铺，前店后居。前进为二开间，后进为三开间。木架结构穿斗式，水门汀地面，天井下明堂平铺式，前后有阁楼。

郑忠康宅

位于黄山区仙源镇龙山村岭坡组，建于晚清。占地面积91.2平方米，高约5米。二进三开间，现后进倒塌，存前进。木架结构穿斗式，斜方格纹水门汀地面，天井下明堂地沟式，白灰砖墙，天棚望砖。有斜撑4个。

政德堂

位于婺源县江湾镇汪口村双桂巷，建于清雍正年间，汪口村当代工于行楷的著名书法家俞毕军祖产。二进三开间带天井。大门过道前为私塾。屋内外砖、木、石雕刻构件保存完好。正厅内有一木雕，内容为李白『力士脱靴』。2005年被列为婺源县重点文物保护单位。

执玉堂

位于歙县徽城镇鲍川村鲍家庄老街，建于清代中叶。坐北朝南，二进三开间楼屋。通面阔9.1米，通进深15.3米，占地面积139.2平方米。门罩砖雕精美，有『八仙』图。入门为屏风，从边门入正厅，前有天井、两廊。

志成堂

位于歙县北岸镇瞻淇村下河坑组，建于清代。坐西朝东，一进三开间。通面阔10.37米，通进深8.4米，占地面积87平方米。门楼有砖雕，内有诸多木雕，较为精美。正厅上方悬『志成堂』匾额。

中共皖浙赣省委驻地旧址

位于休宁县汪村镇田里村石屋坑组21号，建于清代。坐东朝西，一进三开间。占地面积165平方米。雀替雕花卉。1936年皖浙赣省委成立后，省委书记关英及刘毓标等领导人常在此居住及办公，二楼为住处，三楼为印刷厂。1998年被列为安徽省重点文物保护单位。

中翰第

位于婺源县清华镇洪村，系清乾隆至嘉庆年间内阁中书洪钧私邸，由嘉庆皇帝敕建，又名『一经堂』。总占地面积约800平方米。原由书房、会馆、花厅和寝堂4部分组成，各部分相对独立又相互连通，整体宏大奢华。大部分房屋于20世纪60年代末倒塌，现仅存『会馆』，其内部木雕精美，尤其是正梁上的木雕『双龙戏珠』，形象生动，刀功纯熟，技艺高超。2005年被列为上饶市重点文物保护单位。

中间屋

位于歙县杞梓里镇滩培村，建于清代。坐东北朝西南，一进三开间砖木结构二层建筑。通面阔8.6米，通进深8.5米，占地面积73.1平方米。砖雕门楼，青石门框。进门天井，上堂三开间。

中山巷5号宅

位于歙县徽城镇新南街中山巷，建于清代。坐北朝南，通面阔13.5米，通进深11.24米，占地面积151.74平方米。二层建筑。前有小院，门楼砖雕被破坏。2006年被列为歙县重点文物保护单位。

中山巷6号、9号宅

位于歙县徽城镇中山巷，6号为叶承飞宅，9号为徐爱娟宅，建于清代。叶承飞宅面阔13.5米，进深15米，建筑面积322平方米。徐爱娟宅面阔12.3米，进深23.15米，建筑面积590平方米，三进五开间，有砖雕门楼。2006年被列为歙县重点文物保护单位。

中山巷7号宅

位于歙县徽城镇南街中山巷，建于清代。坐北朝南，三进三开间楼房。通面阔14.5米，通进深27米，占地面积391.5平方米。内部梁架有雕刻。2006年被列为歙县重点文物保护单位。

中山巷8号宅

位于歙县徽城镇南街中山巷，建于清代。坐西南朝东北，二进三开间。通面阔10.95米，通进深5.05米，占地面积55.3平方米。门口有砖雕，山水人物雕饰。前厅支柱为圆形，下为方墩。2006年被列为歙县重点文物保护单位。

中山巷14号宅

位于歙县徽城镇南街中山巷，建于清代。坐西南朝东北，二进三开间二层建筑。通面阔9.51米，通进深18.1米，占地面积172平方米。有简单木雕，斜撑为祥云形雕刻。圆柱底端均为圆礅石。2006年被列为歙县重点文物保护单位。

中山巷19号宅

位于歙县徽城镇南街中山巷，建于清代。坐北朝南，二进三开间二层建筑。通面阔8.2米，通进深24米，占地面积198平方米。门楼有砖雕，门前有2块上马石，进门有门套，格子玻璃门窗，前天井下明堂较为开阔，大厅较小，后面天井下明堂狭小，与前厅结构相仿，房后紧靠山。2006年被列为歙县重点文物保护单位。

中宪第

位于休宁县商山镇黄村西南方，建于清代。坐南朝北，占地面积1038平方米。由门屋、大厅、正堂、偏厅等部分组成。门罩砖雕花卉、祥云、仙鹤、戏曲故事等，内部雕刻简单，雀替、斜撑雕花卉。正堂为二进三开间，木隔扇窗饰小方格，柱础圆鼓状；偏厅为一脊两堂三开间布局，雀替、斜撑雕刻花卉、仙鹤，柱础方形。2002年被列为休宁县重点文物保护单位。

中宪第

位于婺源县江湾镇江湾村，建于清同治年间，为户部主事江桂高宅第。占地面积280平方米。由正厅和客厅两部分组成。正厅『敦崇堂』二进三开间，中有天井。正堂有藏头联『敦序承祧延世泽，崇儒务本振家声』。客厅正中开百叶窗。2005年被列为婺源县重点文物保护单位。

忠耀堂

位于歙县三阳镇慈坑村，建于清代。坐东北朝西南，二进三开间砖木结构建筑。通面阔8米，通进深12米，占地面积96平方米。有精致木雕，栩栩如生。

众家屋

位于歙县桂林镇双河村，建于清代。坐西南朝东北，二进三开间砖木结构二层建筑。通面阔9.8米，通进深13米，占地面积127.4平方米。大门有门楼。

周长权宅

位于黟县西递镇叶村，建于清代晚期。坐东朝西，通面阔8.02米，通进深6.29米，占地面积51平方米。三开间带二厢有天井二层建筑。左厢侧耳门为入口大门，墙外为石板路，右厢侧耳门通厨房，三合土地坪。

周春明宅

位于黟县西递镇西递村，建于清光绪年间。坐东朝西，建筑面积114.8平方米，占地面积139.8平方米。四合式二层建筑。

周大宝等宅

位于黄山区甘棠镇甘棠社区，建于清代。大门向南，二进五开间。硬山式屋顶，马头墙，右侧有一偏房，左侧前有一门廊，屋后存一余屋。分前后两进，中有天井，木架结构穿斗式，水门汀地面，清泥花砖墙，天棚有望砖卷棚，卷棚处有月梁1对，为双狮戏球。有斜撑7个，前院右侧有圆形古井。

周大水等宅

位于歙县杞梓里镇六合村，建于清末。坐东朝西，一进三开间砖木结构二层建筑。通面阔8.6米，通进深7.9米，占地面积约67.94平方米。

周代平等宅

位于黄山区仙源镇龙山村水关组，建于晚清。占地面积242平方米。二进三开间中天井。西厢各有一耳井，高约5.5米。木架结构穿斗式，斜方格纹水门汀地面，天井下明堂地沟式，白灰砖墙，天棚望砖，卷棚月梁，有偷柱。有月梁1对，为花卉图案。残存斜撑4个。

周定金宅

位于绩溪县瀛洲镇汪村171号，建于清代晚期。坐北朝南，占地面积179平方米。二进三开间二层建筑。东西厢房，抬梁穿斗并用式梁架，撑拱承挑出檐，前檐檐部设一天井，三合土地坪。后进为附属房，后檐部设一天井，硬山式屋顶，外砌封火墙。梁架和基础较好，室内木雕构件雕刻细腻精美。

周敦平宅

位于歙县坑口乡瀹源村坑上自然村，建于清代。坐北朝南，一进三开间砖木结构二层建筑。通面阔7.7米，通进深5.95米，占地面积45.8平方米。前挑檐。

周国安等宅

位于黟县碧阳镇麻田社区，建于清代。坐东北朝西南，通面阔10.45米，通进深24.6米，占地面积257.1平方米。二进三开间二天井砖木结构二层建筑，前进为上下厅中天井。花岗岩石板天井，彩绘天棚，门窗雕刻精美。

周海月宅

位于歙县徽城镇大梅口村，建于清代。坐东朝西，二进三开间。通面阔9米，通进深17.6米，占地面积158.4平方米。二天井砖木结构二层建筑。有木雕，门楼有砖雕。

周海珠宅

位于歙县雄村镇义成村，建于清代。坐北朝南，二进三开间一天井二层建筑。通面阔10.1米，通进深12.65米，占地面积127.8平方米。原有门楼、砖雕、单木头狮子，有格子窗，有石鼓。

周建华等宅

位于歙县北岸镇大阜村，建于清代。坐北朝南，二进三开间。通面阔13.3米，通进深10.2米，占地面积135.66平方米。门楼有部分砖雕，内有诸多木雕，较为精美，有斜撑狮子雕刻。

周建宅

位于绩溪县华阳镇水圳塝下30号，建于清代中期。坐东北朝西南，占地面积140平方米。上下对堂砖木结构二层建筑。『人』字轩顶，东西厢房，厢房上设楼，上下堂之间设一天井，西边过厢有隔扇装饰，窗以下有窗栏板装饰，三合土地坪，外砌封火墙，大门有砖雕门罩。

周锦堂等宅

位于黟县碧阳镇钟山村，建于清末。坐北朝南，通面阔10.8米，通进深22.05米，占地面积238.1平方米。二进三开间二天井砖木结构二层建筑。前进为上下厅中天井。门窗及门楼雕刻工艺较好。

周来好宅

位于歙县雄村镇雄村十一组，建于清代。坐北朝南，一进三开间楼房。通面阔8.11米，通进深4.53米，占地面积36.7平方米。有格子窗，有方形柱础。

周良楷宅

位于歙县昌溪乡昌溪村周邦头自然村109号，建于清道光年间。坐西北朝东南，二进三开间。通面阔10.4米，通进深12.03米，占地面积125.11平方米。雕刻技艺精湛。

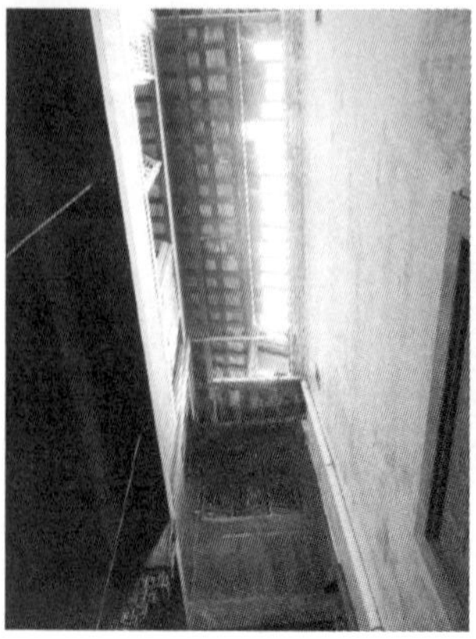

周良荣、周金荣宅

位于歙县昌溪乡昌溪村周邦头自然村，建于清代。坐西南朝东北，一进五开间。通面阔11.6米，通进深4.7米，占地面积54.52平方米。砖木结构二层建筑。大门开在东北角，天井明堂狭长，位于东北角。旧时为偏房，下人居所。

周良佑宅

位于歙县昌溪乡昌溪村周邦头自然村周氏宗祠右侧10米处，建于清代中后期。坐东北朝西南，一进三开间。通面阔7.8米，通进深11.3米，占地面积88.14平方米。正厅有精美木雕梁柁1对。

周六琪等宅

位于歙县昌溪乡昌溪村周邦头自然村，建于清道光年间。坐西朝东，一进三开间。通面阔8.15米，通进深7.15米，占地面积58.3平方米。有明天井和门楼，木雕精美，东北开大门，屋内砖、木雕精美。

周美香宅

位于黄山区永丰乡永丰村中心组，建于清代。大门向南，一进五开间，直通五间五开间，后有小天井。占地面积349.53平方米，高约6.9米。前院空地，左侧马房。木架结构穿斗式，斜方格纹水门汀地面，天井明堂平铺式，板壁墙，方柱方梁，天棚望砖，卷棚月梁。

周日良宅

位于歙县北岸镇瞻淇村青塘组，建于清代。坐南朝北，一进三开间。通面阔10米，通进深8.3米，占地面积83平方米。门楼有砖雕。

周日元宅

位于绩溪县瀛洲镇仁里村192号，建于清代晚期。坐东北朝西南，占地面积206平方米。硬山式屋顶，三向砌封火墙，抬梁穿斗并用式梁架，撑拱承挑出檐，天井设在前檐，二楼檐部装置裙板和矮窗，三合土地坪。大门外有一狭窄庭院，其西向开设拱券门，正厅有两厢房，室内木雕构件精美。

周润松宅

位于黟县碧阳镇古黄村黄村组，建于清代。坐西朝东，通面阔9.45米，通进深8.25米，占地面积77.5平方米。三开间带二厢有天井。隔扇门窗、楼行栏杆及横风窗等木构配件制作精美，保存完好。

周寿闵宅

位于歙县北岸镇瞻淇村青塘组，建于清代。坐西朝东，一进二开间。通面阔6.65米，通进深5.5米，占地面积36.6平方米。内部无雕刻。

周素凤宅

位于歙县昌溪乡昌溪村周邦头自然村周氏宗祠右上侧，建于清代。坐东南朝西北，通面阔7.65米，通进深5.96米，占地面积45.6平方米。砖木结构二层建筑。清代为私塾，厅内无雕饰，二楼为统间。

周坦坞等宅

位于歙县杞梓里镇小源村，建于清末。坐北朝南，一进三开间带二厢砖木结构二层建筑。通面阔8.9米，通进深7.5米，占地面积66.8平方米。青石门框。

周同春宅

位于歙县雄村镇义成村庄村组，建于清代。坐北朝南，二进三开间一天井二层建筑。通面阔9.8米，通进深15.35米，占地面积150.4平方米。门楼有砖雕，雕有风景、人物、狮子。厅堂内有小冬瓜梁，有格子窗、木狮子梁柁、雕花斜撑、方形石柱础。

周锡春宅

位于黟县碧阳镇星火村闾山组，建于清末。坐北朝南，通面阔7.85米，通进深8.15米，占地面积64平方米。三开间有天井砖木结构二层建筑。木构架承重。

周相民宅

位于黟县碧阳镇古黄村古筑组，建于清代。坐西朝东，通面阔9.95米，通进深7.2米，占地面积71.6平方米。三开间带二厢有天井砖木结构二层建筑。

周小女宅

位于歙县雄村镇义成村庄村组，建于清末。坐南朝北，一进三开间二层建筑。通面阔10.2米，通进深9.8米，占地面积99.96平方米。有门楼，有格子窗。有方形石柱础，两边有厢房。

周小平宅

位于歙县坑口乡瀹源村瀹坑自然村，建于清代。坐西朝东，一进三开间。通面阔8.45米，通进深6.6米，占地面积55.77平方米。砖木结构二层建筑。靠壁天井，有槛窗，结构完善，窗衣未雕。简朴门楼被新建房挡住，未有拆毁。

周小文宅

位于黟县宏村镇际村，建于清代。坐北朝南，通面阔9.95米，通进深10.04米，占地面积99.8平方米。三开间上下厅带二厢中天井二层建筑。大门朝前，左厢侧耳门通外路，右厢侧耳门通厨房，照壁后上楼，有门楼。三合土斜方格地面。

周啸川宅

位于黄山区仙源镇龙山村横街，建于清光绪年间。占地面积57平方米。二进三开间。均为阁楼，木板隔断，中间有小长天井，水门汀地面。木构件只存简易斜撑2个。

周雪榴宅

位于绩溪县华阳镇花根村39号，建于清代后期。坐西朝东，占地面积165平方米。前后二进二天井。东西厢房，前为正厅，后为客厅，室内的隔扇、斜撑、雀替均有精美雕刻。

周裕富宅

位于歙县昌溪乡昌溪村周邦头自然村，建于清代。坐东南朝西北，通面阔15.9米，通进深34.4米，占地面积546.96平方米。已遭火焚倒塌，残损的门楼雕刻细腻。

周志朋宅

位于黄山区仙源镇(横街)龙山村水关组，建于清代。占地面积169平方米。二进三开间，临街为店面，后为居住房。木架结构穿斗式，框架完好。水门汀地面已损坏，木构件保存完好，有斜撑8个，一步梁2对。前后各有一照壁。

朱彩仙宅

位于绩溪县瀛洲镇浒里村91号，建于清代后期。坐东朝西，占地面积73平方米。一进三开间二层建筑。大门开在北山墙，前檐设一天井，撑拱承挑出檐，抬梁穿斗并用式梁架，三合土地坪，外砌封火墙，房屋保存完整，室内的斜撑、雀替、隔扇雕刻非常精美。

朱昌淦宅

位于休宁县蓝田镇前川村溪秀自然村，建于清代。坐南朝北，四合式。占地面积100.93平方米。门罩砖雕饰松树、花卉等图案，雀替雕土龙，月梁饰花卉，斜撑雕蝙蝠，天井明堂处铺红砂石，立柱及柱础方形。

朱长城宅

位于歙县森村乡黄备村卫星组，建于清咸丰年间。坐北朝南，三开间带二厢二层建筑。通面阔9.4米，通进深10米，占地面积94平方米。

朱长信宅

位于黟县碧阳镇南屏村，建于清代。坐西南朝东北，通面阔9.15米，通进深6.95米，占地面积63.6平方米。一进三开间一天井二层建筑。木构架尚好。

朱春发宅

位于黟县碧阳镇南屏村，建于清代。坐东朝西，通面阔9.45米，通进深6.55米，占地面积61.9平方米。三开间带二厢有天井砖木结构二层建筑。木构架承重，木构配件及隔扇门窗制作较好。

朱从周宅

位于绩溪县长安镇镇头村7号，建于清代后期。坐北朝南，占地面积260平方米。三进三开间。后进已不存，前进和中进二楼通转，中间置一天井，歇山式屋顶，外砌封火墙，抬梁穿斗并用式梁架，方砖地坪，前、中、后三进的隔扇上雕刻的是《水浒传》中108将人物图，雕刻精致，斜撑和雀替雕刻精美，前、中进建筑保存完整。

朱德全宅

位于歙县雄村镇朱村六组，建于清代。坐南朝北，一进三开间砖木结构二层建筑。通面阔10.25米，通进深6.65米，占地面积68平方米。保存较为完整。

朱典全宅

位于黟县碧阳镇古黄村黄村组，建于清代。坐西北朝东南，通面阔9.45米，通进深7.35米，占地面积69.5平方米。三开间带二厢有天井二层建筑。隔扇门窗和横风窗制作精致，砖雕门楼保存较完整。

朱冬林宅

位于歙县许村镇许村前溪自然村019号，原名『昭德堂』，建于明末。坐西朝东，二进三开间『口』字形建筑。通面阔8.7米，通进深10.7米，占地面积93.1平方米。廊庑内为轩棚顶，瓜柱上置叉手，后堂大梁上置双莲花平盘斗。

朱佛生宅

位于歙县坑口乡瀹潭村，建于清代。坐西朝东，一进三开间砖木结构二层建筑。通面阔8.66米，通进深7.91米，占地面积68.5平方米。有简朴水磨砖门楼。

朱根兴宅

位于歙县雄村镇义成村五组，建于清代。坐西朝东，三进三开间二天井二层建筑。通面阔13米，通进深21米，占地面积273平方米。二堂厅，格子窗，格子门，有冬瓜梁，有门套。

朱观景等宅

位于歙县三阳镇叶村，建于清代。二进三开间一明堂二层建筑。通面阔8.26米，通进深7.98米，占地面积66平方米。有门楼。

朱光辉、查也巧宅

位于黟县宏村镇大同村黄村口组，建于清代。坐北朝南，通面阔 10.21 米，通进深 12.4 米，占地面积 126.6 平方米。三开间前后厅中天井二层建筑。右厢耳门通厨房，照壁后上楼。前檐有圆直梁，木构配件及隔扇门窗制作精致，砖雕门楼保存较好。

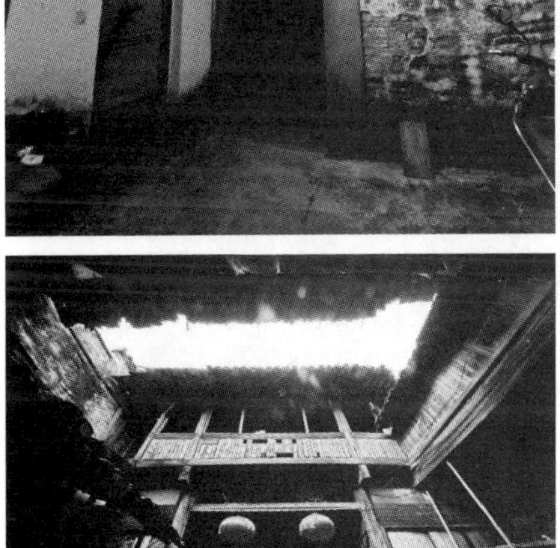

朱广泉宅

位于歙县王村镇王村烟西自然村 33 号，建于清代。大门朝西。二进三开间砖木结构二层建筑。通面阔 9.25 米，通进深 13.05 米，占地面积 120.71 平方米。原有门楼，现已被破坏。

朱贵松等宅

位于黟县碧阳镇钟山村瑶山组，建于清末。坐北朝南，通面阔9.7米，通进深12.3米，占地面积119.3平方米。三开间上下厅中天井砖木结构二层建筑。彩绘天棚，木构架及木装修、砖门楼制作较好。

朱桂青宅

位于黟县碧阳镇南屏村，建于清代。坐西朝东，通面阔11.2米，通进深6.8米，占地面积76.2平方米。三开间带二厢有天井二层建筑。木构配件及隔扇门窗等制作较精美。

朱国来宅

位于黟县碧阳镇石亭村，建于清末。坐北朝南，通面阔9.6米，通进深8.15米，占地面积78.2平方米。一进三开间一天井二层建筑。天井明堂铺『黟县青』地坪石。

朱国良宅

位于歙县雄村镇山下村富岱组，建于清代。坐北朝南，二进三开间带厢房上下对堂带天井二层建筑。通面阔10米，通进深10.55米，占地面积105.5平方米。上下楼有格子窗，有石础。

朱国中宅

位于黟县宏村镇屏山村，建于清代。坐北朝南，通面阔9.7米，通进深13.54米，占地面积131.3平方米。前后二进三开间带二厢二层建筑。有前后天井，三合土地坪，隔扇门窗保存完整，大门前隔路有照壁墙，后进通厨房。砖、木、石构配件及装修等制作精致。

朱好仂宅

位于歙县雄村镇义成村五组，建于清代。坐北朝南，二进三开间一天井二层建筑。通面阔10米，通进深6.4米，占地面积64平方米。大门口有门楼，无砖雕。有格子窗、格子门。有方形石础。

朱鹤清宅

位于歙县雄村镇义成村一组，建于清末。坐北朝南，一进三开间二层建筑。通面阔9.2米，通进深8.3米，占地面积76.4平方米。有窗，有圆形石柱础。

朱黑豆宅

位于歙县坑口乡瀹潭村113号，建于清代。坐西朝东，一进三开间砖木结构二层建筑。通面阔8.87米，通进深6.3米，占地面积56平方米。大门为清水砖垂花门楼，有精美砖雕，部分被破坏。内部明间为堂，堂壁后设楼梯，梁架简洁。

朱华来、许酋泉宅

位于黟县碧阳镇柏山村潘村组，建于清代。坐北朝南，通面阔9.9米，通进深13.35米，占地面积132.2平方米。三开间带二厢上下厅中天井砖木结构二层建筑。隔扇门窗、飞罩、横风窗、楼行栏杆及门楼等制作较好。

朱惠华宅

位于黟县碧阳镇郭门社区，建于清末。坐西朝东，通面阔10.9米，通进深16.6米，占地面积180.9平方米。二进三开间二天井砖木结构二层建筑。2014年被列为黟县重点文物保护单位。

朱继发宅

位于黟县宏村镇宏村，建于清咸丰年间。坐北朝南，主体通面阔10米，通进深22.7米，占地面积227平方米，建筑面积442平方米。四合式二层建筑。

朱继和等宅

位于黟县宏村镇龙江村秀里组，建于清末。坐南朝北，通面阔9.5米，通进深12.88米，占地面积122.4平方米。二进三开间带厢房有天井二层建筑。照壁后设楼梯。三合土斜方格地面，木构架及装修等保存尚可。

朱家坦三房

位于徽州区岩寺镇上朱村朱家坦，建于清代。坐北朝南，建筑面积360.88平方米。三开间上下对堂四合式二层建筑。门厅两次间为房，上堂三间分割，明间为厅，次间为房。楼上也为三间分割，上下堂走马楼，沿天井明堂一圈木板装修。

朱建民宅

位于歙县雄村镇义成村二组，建于清代。坐北朝南，二进三开间二天井二层建筑。通面阔10.5米，通进深10.3米，占地面积108.15平方米。有格子窗和斜撑。后进天井明堂已被遮住。

朱建杉宅

位于祁门县安凌镇雷湖村卷桥组79号，建于清代。坐西南朝东北，三厅带八厢砖木结构二层建筑。通面阔9.8米，通进深15.4米，占地面积151平方米。前后厅设照壁，中设天井，月梁、斜撑、雀替等雕刻保存较好。

朱建庭宅

位于黟县宏村镇屏山村，建于清末。坐西朝东，通面阔16.28米，通进深10.1米，占地面积143.1平方米。三开间带二厢有门廊二层建筑。右侧耳门通厨房，厨房内上楼。

朱建新宅

位于黟县碧阳镇古黄村黄村组，建于清代。坐东朝西，通面阔10.3米，通进深9.22米，占地面积94.8平方米。一进三开间一天井二层建筑。天井明堂完好，天花板彩绘，楼行栏杆雕刻精美，保护完好。

朱建远二号宅

位于黟县宏村镇大同村半源组，建于清代。坐西北朝东南，通面阔10.55米，通进深7.14米，占地面积75.3平方米。三开间带二厢有天井二层建筑。左厢耳门通外为大门入口，右厢耳门通厨房，照壁后上楼。

朱建远一号宅

位于黟县宏村镇大同村半源组，建于清代。坐西北朝东南，通面阔8.1米，通进深6.5米，占地面积52.7平方米。三开间带二厢有天井二层建筑。左厢耳门通外为大门，照壁后上楼，大门砖雕门楼保护较完好。

朱介成宅

位于歙县北岸镇瞻淇村后村组，建于清代。坐西朝东，一进三开间。通面阔9.47米，通进深8.15米。门楼有部分砖雕，大门边有一漏窗。

朱锦华宅

位于歙县深渡镇漳岭山村四亩丘组，建于清代。坐西朝东，三开间二过厢二层建筑。通面阔9.95米，通进深14.9米，占地面积140.3平方米。中有天井，上下厅各设楼梯。大门朝东偏北开门。

朱精华宅

位于黟县宏村镇大同村半源组，建于清末。坐西北朝东南，通面阔9.85米，通进深6.8米，占地面积67平方米。三开间带天井二层建筑。

朱九六宅

位于歙县雄村镇山下村富岱组65号，建于清代。坐北朝南，二进三开间带厢房带天井。通面阔9.8米，通进深18.85米，占地面积184.7平方米。有格子窗，有上廊、下廊，有石础。有简易门楼。

朱科尚宅

歙县许村镇塔山村二组，建于清代。坐西朝东，一进三开间带二厢带天井二层建筑。通面阔10.3米，通进深6.6米，占地面积68平方米。无砖木雕刻，大门设在左边。

朱来花宅

位于歙县雄村镇山下村富岱组，建于清代。坐北朝南，一进三开间。通面阔9.45米，通进深7.35米，占地面积69.5平方米。有门楼，已毁。有石础，格子窗被窃，其他部分保存完好。

朱来顺宅

位于徽州区西溪南镇竦塘村金竹坞自然村二组，建于清代。坐东朝西，建筑面积190.74平方米。一进三开间上下对堂二层建筑。下堂为一层一披水，房间窗口双开格子门，有窗栏，上堂柱头有夔龙斜撑。楼上三面格子门装修，屋面无望砖，檐口装望板。

朱利平宅

位于黟县碧阳镇南屏村，建于清代。坐南朝北，通面阔8.9米，通进深6.85米，占地面积61平方米。一进三开间二层建筑。

朱良炳宅

位于歙县雄村镇朱村九组，建于清末。坐北朝南，一进三开间一天井二层建筑。通面阔10.6米，通进深9.6米，占地面积101.76平方米。大门无门楼。有花窗，有方形石柱础，有格子窗。

朱六荣宅

位于黟县宏村镇汤蜀村胡村组，建于清代。坐北朝南，通面阔9.31米，通进深7.47米，占地面积69.5平方米。三开间带二厢有天井二层建筑。左厢侧耳门通厨房，右厢侧耳门通偏屋，照壁后上楼。

朱龙生宅

位于歙县徽城镇就田村，建于清代。坐北朝南，二进三开间砖木结构二层建筑。通面阔6.4米，通进深7米，占地面积约45平方米。红麻石门楼，有砖雕。

朱伦忠宅

位于歙县深渡镇漳岭山村和平组，建于清代。坐东朝西，通面阔7.5米，通进深7.1米，占地面积53.25平方米。前厅后房二层建筑。厅壁后设楼梯。门楼挑檐，镶砖雕和青砖气窗。

朱美贞宅

位于歙县徽城镇渔梁街，建于清代。坐东朝西，一进一开间砖木结构二层建筑。通面阔4.54米，通进深7.8米，占地面积约35.4平方米。木门。

朱民主宅

位于歙县霞坑镇里方村六组，建于清代。坐东南朝西北，一进三开间二层建筑。通面阔12.4米，通进深9.4米，占地面积116平方米。门罩上方有一小窗。

朱命标宅

位于休宁县五城镇月潭村卫生院东侧，建于清代。坐北朝南，一进三开间。占地面积112.7平方米。门罩砖雕花草，地面铺红砂石板，柱础方形，木隔扇窗雕几何图案。

朱沐根宅

位于歙县雄村镇义成村三组，建于清代。坐北朝南，二进三开间二层建筑。通面阔9.4米，通进深9.35米，占地面积87.89平方米。一层有冬瓜梁，二层门面为木结构。

朱沐荣等宅

位于歙县雄村镇义成村二组，建于清代。坐北朝南，一进三开间二层建筑。通面阔9.8米，通进深6.25米，占地面积61.25平方米。有格子窗，有斜撑。

朱鹏程宅

位于歙县雄村镇义成村四组，建于清代。坐南朝北，二进三开间二天井二层建筑。通面阔10.5米，通进深19.2米，占地面积201.6平方米。天井两边有厢房，有格子窗及格子门，有斜撑、石础，有砖雕。

朱庆荣宅

位于徽州区西溪南镇竦塘村金竹坞自然村二组，建于清代。坐西北朝东南，建筑面积151.76平方米。三开间上下对堂二层建筑。下堂三间全部木板装成房间，中间双开格子屏门。上堂三间分割，明间为厅，两次间为住房。楼上走马楼。

朱庆生宅

位于黟县碧阳镇古黄村黄村组，建于清代。坐西北朝东南，通面阔9.55米，通进深8.55米，占地面积81.7平方米。一进三开间一天井二层建筑。天花板有彩绘，木构架尚好。

朱仁宅

位于休宁县万安镇古城岩明清建筑群内，建于清代。坐西南朝东北，一进三开间。占地面积139.36平方米。柱础方形，雀替雕花卉，前、后大梁分饰『双龙戏珠』『鸾凤和鸣』，木隔扇窗饰方格，裙板雕戏曲故事及花卉，天花彩绘包袱锦。2004年作为休宁县万安镇古城岩明清建筑群的一部分被列为安徽省重点文物保护单位。

朱瑞娟宅

位于歙县深渡镇漳岭山村勤益组，建于清代。坐西朝东，二进三开间中天井二过厢上下对堂二层建筑。通面阔9.3米，通进深12.3米，占地面积118.11平方米。天井明堂右侧设楼梯。大门偏北开，门顶挑檐。镶青砖，吊脚门楼，设横条形砖雕。

朱润泉宅

位于歙县雄村镇义成村五组，建于清代。坐西朝东，二进三开间一天井。通面阔11.3米，通进深9.2米，占地面积103.96平方米。二层有格子窗，有斜撑、石础。

朱少华宅

位于歙县雄村镇山下村富岱组，建于清代。坐北朝南，一进三开间二层建筑。通面阔9.25米，通进深5.3米，占地面积49平方米。有石础。结构简单。

朱寿娣宅

位于歙县北岸镇大阜村，建于清代。坐北朝南，一进三开间。通面阔8.5米，通进深5.7米，占地面积48.45平方米。门楼有诸多砖雕，内有诸多木雕，较精美。

朱树敏宅

位于休宁县五城镇月潭村，建于清代。占地面积90.84平方米。坐北朝南，东墙体开大门，四合式结构。地面铺红砂石板，柱础方形，木隔扇窗饰方格，地袱石装饰『卍』字。

朱双英宅

位于黟县碧阳镇碧山村碧西组，建于清末。坐北朝南，通面阔9.7米，通进深7.2米，占地面积69.8平方米。一进三开间二层建筑。木构架尚好，天花板有彩绘。

朱水娣等宅

位于黄山区甘棠镇甘棠社区前山组，建于清代。三进五开间。硬山式屋顶，马头墙，高约6米，左侧有一菜园，原为该房花园，后有倚屋。『八』字门，水门汀地面，白灰墙，天井明堂地沟式，木架结构穿斗式，顶棚望砖。前天井明堂有斜撑8个，后天井明堂有斜撑8个。

朱松根等宅

位于黟县碧阳镇钟山村乌林组，建于清代。坐西朝东，通面阔10.4米，通进深17.45米，占地面积181.5平方米。二进三开间带二厢砖木结构二层建筑。隔扇门窗、横风窗、木构配件等制作较好。

朱松寿宅

位于歙县深渡镇漳岭山村四亩丘组，建于清代。坐西朝东，二进三开间二过厢上下对堂二层建筑。通面阔9.65米，通进深14.1米，占地面积136.56平方米。厅后设楼梯，大门顶上挑檐，镶青砖及砖雕。

朱天祥宅

位于歙县深渡镇漳岭山村勤益组，建于清代。坐西朝东，三进三开间二过厢二层建筑。通面阔5.7米，通进深12.7米，占地面积72.39平方米。前进有天井，中进两边为房，后为厨房。大门顶镶青砖及砖雕。

朱旺应宅

位于黟县碧阳镇南屏村，建于清代。坐西北朝东南，通面阔16.8米，通进深6.65米，占地面积111.7平方米。三开间带二厢有天井砖木结构二层建筑。门楼雕刻精美完整，其他制作较好。

朱伍通宅

位于歙县徽城镇就田村，建于清末。坐北朝南，一进一开间砖木结构二层建筑。通面阔4米，通进深6.7米，占地面积约27平方米。青石门楼。

朱武民宅

位于黟县宏村镇雉山村叶村组，建于清末。坐西朝东，通面阔9.55米，通进深7.4米，占地面积70.7平方米。照壁后上楼。石质花岗岩天井，大门楼较好。

朱锡杰宅

位于休宁县五城镇月潭村卫生院北侧，建于清代。坐南朝北，共两进。占地面积380平方米。门罩砖雕花卉、瑞兽。2008年被列为黄山市重点文物保护单位。

朱宪安等宅

位于歙县徽城镇就田村，建于清末。坐北朝南，一进三开间带天井砖木结构二层建筑。通面阔10.25米，通进深7.6米，占地面积约78平方米。有麻石门楼、漏窗、砖雕。

朱小桃宅

位于祁门县平里镇平里村平里街163号，建于清末。坐北朝南偏东，二进三开间前后厅式砖木结构二层建筑。通面阔9.2米，通进深18.3米，占地面积168平方米。砖雕门罩保存较好，前厅设天井。

朱心修宅

位于歙县雄村镇山下村富岱组，建于清代。坐北朝南，一进三开间二层建筑。通面阔6.4米，通进深7.9米，占地面积50.6平方米。西面已拆除一间，结构简单。上厅4片板门已拆。

朱新凤等宅

位于休宁县五城镇五城老街中央，建于清代。坐东北朝西南，二进三开间。占地面积151.46平方米。第一进铺白麻石，柱础圆鼓状，雀替、额枋雕刻人物、花草图案，裙板雕刻蝙蝠、花草图案；楼栏板外雕饰花卉；第二进雕刻同第一进，天井明堂处有花窗，雕『卍』字及花草。

朱延久宅

位于祁门县凫峰乡恒峰村中心组赤桥55号（民主小学后），建于清代。坐北朝南，一进三开间砖木结构二层建筑。通面阔7.2米，通进深7.6米，占地面积55平方米。设边门进出，前设天井，屋内斜撑花雕较精致。

朱要宅

位于歙县雄村镇浦口村一组，建于清末。坐西朝东，一进三开间二层建筑。通面阔7.8米，通进深7.3米，占地面积57平方米。大门为板门，二楼门面为木结构，客厅内有方形石础，结构简单。

朱叶利宅

位于歙县雄村镇义成村三组，建于清代。坐南朝北，一进三开间二层建筑。通面阔8.1米，通进深6.95米，占地面积56.92平方米。门楼上有砖雕。有梁柁和冬瓜梁。

朱怡善宅

位于歙县深渡镇漳岭山村四亩丘组，建于清代。坐西朝东，一进三开间二过厢二层建筑。通面阔9.65米，通进深9.95米，占地面积96.02平方米。厅后设楼梯，厅前有天井。大门偏北朝东开。门顶挑檐，镶青砖雕。

朱逸龙宅

位于歙县深渡镇漳岭山村四亩丘组，建于清代。坐西朝东，一进三开间二过厢二层建筑。通面阔9.25米，通进深8.8米，占地面积85.8平方米。厅后设楼梯，大门顶挑檐，镶青砖及砖雕。

朱银朵宅

位于歙县徽城镇南源口村王村茂自然村，建于清末。坐西朝东，通面阔15.17米，通进深9.8米，占地面积约148.7平方米。二进带天井砖木结构建筑。

朱迎兰等宅

位于休宁县蓝田镇前川村石岭自然村西南方，建于清代。坐南朝北，四合式结构。占地面积88.82平方米。立柱方形，柱础方形，雕『卍』字及瑞兽，天井处铺青石板，雀替雕花卉，斜撑雕倒悬狮，楼栏板下檐镂空雕冰裂纹及花卉，木隔扇窗装饰蝙蝠、花卉及书卷，裙板雕宝瓶、花卉、元宝、人物，裙板及斜撑均鬃饰金粉。

朱永良宅

位于黟县宏村镇宏村，建于清代。坐北朝南，占地面积120平方米，建筑面积226平方米。三开间三层建筑。建筑内部保存完整，天花彩绘完好。

朱玉宅

位于休宁县万安镇古城岩明清建筑群内，建于清代。坐北朝南，二进五开间。占地面积90.22平方米。木构架以抬梁式为主，立柱下垫木质，二楼下檐雕刻精美，以鸟兽、如意及几何图案为主，横梁与直柱连接处雕刻倒悬狮，木隔扇门及隔窗装饰方格。2004年作为休宁县万安镇古城岩明清建筑群的一部分被列为安徽省重点文物保护单位。

朱园彬、程小奶宅

位于黟县宏村镇大同村半源组，建于清代。坐西北朝东南，通面阔9.45米，通进深8米，占地面积75.6平方米。三开间有天井二层建筑。天井完好，门窗基本完好。

朱云仙宅

位于黟县碧阳镇南屏村，建于清代。坐东朝西，通面阔8.3米，通进深6.25米，占地面积51.9平方米。三开间带二厢有天井砖木结构二层建筑。木构架承重，隔扇制作较精致。

朱灶荪宅

位于黟县宏村镇大同村万村组，建于清代。坐北朝南，通面阔9.17米，通进深13.19米，占地面积120.9平方米。三开间带二厢中天井上下厅二层建筑。左厢耳门通外至厨房，右厢上楼。

朱灶运宅

位于黟县碧阳镇古黄村古筑组，建于清代。坐西朝东，通面阔9.85米，通进深9.25米，占地面积91.1平方米。三开间砖木结构二层建筑。彩绘天棚，制作较好。

朱振明宅

位于黄山区仙源镇龙山村岭坡组，建于清代。占地面积546平方米。二进五开间三天井。一主二耳。右前有马房2间，左侧有倚屋，高约5.5米。木架结构穿斗式，斜方格纹水门汀地面，天井明堂半地沟式，板壁墙，天棚望砖，卷棚偷柱。卷棚处有月梁1对（双狮戏球），有斜撑2个。

朱志军宅

位于黟县碧阳镇钟山村田二组，建于清代。坐南朝北，通面阔10.4米，通进深9.3米，占地面积96.7平方米。三开间带二厢有天井砖木结构二层建筑。隔扇、配件、横风窗、构配件及门楼制作较好。

朱忠利宅

位于歙县雄村镇义成村五组，建于清代。坐北朝南，一进三开间二层建筑。通面阔10.65米，通进深5.75米，占地面积61.24平方米。有冬瓜梁。有古床2张。大门门面一层和厅堂内壁、柱子粉刷过。

朱忠敏宅

位于歙县雄村镇义成村二组48号，建于明代。坐北朝南，一进三开间二天井二层建筑。通面阔11.3米，通进深12.2米，占地面积137.9平方米。两边有厢房，有格子窗，有雀替，二楼梁上有斜撑，楼板壁有竖条，有冬瓜梁。外墙较厚。

朱祖德宅

位于休宁县五城镇月潭村东南邻率水处，建于清代。坐北朝南，西墙体开门，二进三开间。占地面积185.68平方米。内部结构较简单，柱础方形，木隔扇窗饰方格图案，大梁方形。已毁。

诸宏昌宅

位于歙县徽城镇渔梁街59-4号，建于清代。坐东朝西，一进一开间砖木结构二层建筑。通面阔2.9米，通进深7.9米，占地面积23平方米。

竹铺芝公厅

位于歙县三阳镇竹铺村，为竹铺村洪士斋等200余人共有，建于清代。坐东北朝西南，一进三开间楼房。通面阔7.7米，通进深7.35米。砖雕门楼，木雕梁柁，悬『芝公厅』匾额。

庄淦金等宅

位于歙县坑口乡瀹源村瀹坑自然村，建于清初。坐北朝南。通面阔11.6米，通进深19米，占地面积220.9平方米。主屋上下对堂四合式，后堂的照壁后为三间靠壁天井，前后进两层，中间部分三层。天井明堂四周裙板下枋有雕刻。

庄继家宅

位于歙县坑口乡阳坑村岭坑口自然村，建于清末。坐东北朝西南，三开间『品』字形砖木结构二层建筑。通面阔9.5米，通进深7.8米，占地面积74.1平方米。门楼条砖封叠涩砌五层，上加木椽，两翘角，倒挂吊式门楼，有方格窗，后沿右角直接在石岩上砌墙。有冬瓜梁。

庄金山宅

位于歙县坑口乡阳坑村岭坑口自然村，建于清末。坐西朝东，通面阔9米，通进深8.08米，占地面积72.72平方米。砖木结构二层建筑。右厢房至今未装修，有水磨砖门楼，无砖木雕。

庄六宝宅

位于歙县坑口乡阳源村湖田自然村，建于清代。坐西北朝东南，二进三开间。通面阔11.15米，通进深13.45米，占地面积150平方米。大门有精美砖雕门罩，斜撑有雕刻。

庄南生、庄隆生宅

位于歙县坑口乡阳坑村湖田自然村，建于清代。坐西北朝东南，主宅四合式上下对堂砖木结构二层建筑。通面阔23.55米，通进深20.03米，占地面积约471.7平方米。左右厢房约为3间，靠壁天井，院中有家塾，左厢房门楼镂空砖雕花板精致。

庄渝生、庄柏余宅

位于歙县坑口乡阳坑村湖田自然村，建于清末。坐西北朝东南，主宅四合式上下对堂。通面阔21.2米，通进深12.3米，占地面积约471.7平方米。靠壁天井，左右厢房，左四间，右三间。

庄玉香宅

位于歙县雄村镇鲍坑村，建于清代。坐北朝南，一进三开间。通面阔8.8米，通进深8.2米，占地面积72.16平方米。大门有砖雕门楼，刻有人物。有方形石柱础。

庄正好宅

位于歙县坑口乡阳坑村四安自然村，建于清末。坐西北朝东南，砖木结构二层建筑。通面阔7米，通进深6.45米，占地面积45.15平方米。无雕饰。仅大门上有水磨青砖，字匾式(卡方框)素门楼。

状元厅

位于徽州区潜口镇唐模村五组，建于清代。坐东朝西，建筑面积236.86平方米。二进三开间二层建筑。大厅为三间显厅，前进有楼，楼上明间为厅，两次间为住房。后进为三开间二阁厢二层建筑。正面及两厢均有隔扇门装隔，屋面装望板。

紫园官厅

位于绩溪县华阳镇上马石村紫园山庄内，建于清代中期。明厅暗阁楼，上下对堂，『人』字轩顶，方砖地坪，室内的斜撑、驼峰、雀替雕刻精美，有精美砖雕门罩，是家族用于祭祀的重要活动场所，保存完整。

左思涛、左克来宅

位于黄山区仙源镇龙山村大北门组，建于晚清。占地面积218平方米，高约5米。一进五开间。左右厢各有一厢房。木架结构穿斗式，斜方格纹水门汀地面，天井明堂平铺式，板壁墙，天棚望砖。

二 祠堂

霭吉堂

位于黟县碧阳镇柏山村中历组，系汪氏宗祠，建于清代。坐西北朝东南，通面阔10.75米，通进深27.3，占地面积293.5平方米。三进三开间二天井二层建筑。2016年被列为黟县重点文物保护单位。

爱敬堂

位于歙县杞梓里镇苏村，建于清代中叶。坐东南朝西北，三进三开间砖木结构建筑。通面阔10.9米，通进深26.6米，占地面积290平方米。内部斜撑、梁柁等构件有雕刻。2012年被列为黄山市重点文物保护单位。

安福堂

位于黄山区新丰乡盛洪村11组，建于清代。门向东，主屋一进五开间，附屋一进三开间。总占地面积513平方米，高6.7米。院落2个花岗岩圆石门别具一格。木架结构穿斗式，斜方格纹水门汀地面，地沟式天井，直通三间，板壁墙，天棚望板，卷棚，二厢阁楼，后进阁楼，院门前有『大夫第』字样，现已剥落不见。

安礼公祠

位于歙县昌溪乡昌溪村木牌坊对面，建于清初。坐西北朝东南，三进三开间。通面阔16.75米，通进深36.8米，总占地面积约460平方米。建筑宏伟，三进呈阶梯式，一进高于一进。前有两院，占地面积177平方米。中后进木雕等基本保存完好。

百菩厅

位于黟县宏村镇屏山村，建于清代。坐南朝北，通面阔14.77米，通进深24.11米，占地面积356.1平方米。三进砖木结构建筑。前进三开间，中进五开间，后进三开间带二厢。中进侧耳门通外巷道，大门入口处前有坦。大木构架承重。

柏公祠

位于绩溪县伏岭镇伏下村280号东侧，为伏下村邵氏下门派支祠，建于清代晚期。坐北朝南，占地面积510平方米。前后两进，前进为上下对堂，两边回廊，中间天井，后进为寝楼。歇山式屋顶，抬梁穿斗并用式梁架，撑拱承挑出檐，用料硕大。

保极堂

位于祁门县闪里镇桃源村，系陈氏宗祠，始建于南宋，重建于清末。坐北朝南，面阔17.6米，进深45.3米，占地面积797平方米。三进五开间砖木结构建筑。由院子、门厅、天井、享堂、后天井、寝堂组成。『文革』时遭毁坏，2006年捐资复修。2012年被列为安徽省重点文物保护单位。

报本祠

位于祁门县芦溪乡查湾村，系汪氏宗祠，始建于明代，重建于清代。坐北朝南，三进三开间。通面阔13米，通进深41米，占地面积533平方米。前、后各设天井，前、中、后三进呈台阶式上升，青石台阶边设石拦板。祠内石雕、柱础雕刻精致。2012年被列为祁门县重点文物保护单位。

鲍氏惇叙堂

位于歙县上丰乡蕃村，系鲍氏宗祠，始建于明代，现存建筑为清代中叶重建。坐西朝东，三进五开间二天井，后进有楼。通面阔16.3米，通进深37.6米，占地面积600平方米。中进亨堂前檐为卷棚轩顶，斜撑、雀替、平盘斗等处木雕精美。亨堂前后天井，两廊环抱，木、石柱林立。中进山墙上有一石雕焚纸窟。2012年被列为安徽省重点文物保护单位。

鲍氏贤祠

位于歙县上丰乡霞江村里鲍自然村，建于清代。坐北朝南，二进三开间。通面阔12.5米，通进深17.6米。大门有砖雕门楼，门楼已遭毁坏，上刻『鲍氏贤祠』四字。祠前有坦。

本立堂

位于歙县三阳镇三阳村，系吴氏家祠，建于清代。坐西朝东，二进三开间，后有楼。通面阔8.6米，通进深17.6米，占地面积151平方米。门屋用斗拱出檐，前有精美栅栏门。门坊上装门簪，天井梁上有木雕，后进山墙上叉手雕成山雾云。2017年被列为黄山市重点文物保护单位。

伧公厅

位于歙县霞坑镇里方村，系钱氏支祠，建于清代。坐西朝东，二进三开间二层建筑。通面阔6.9米，通进深11.9米。大门有简易门楼，进门为厅堂，壁后设楼梯，堂后有2间厢房。

曹家祠堂

位于祁门县安凌镇五星村城坦组，建于明末清初。坐西北朝东南。三进三开间。通面阔12米，通进深34.3米，占地面积412平方米。享堂前檐一梁过三间。

曹门厅

原位于徽州区潜口镇潜口村，现存于潜口民宅明园内，系汪氏支祠，建于明嘉靖年间。厅堂在『文革』期间被毁，现仅存前廊、门厅和廊庑。平面呈凹形，九开间砖木结构建筑。悬山式屋顶，山面饰博风墙，外间斗拱出双抄五铺作，一跳出45度斜拱承檐枋。拱头卷刹分瓣苍劲有力，丁字拱眼雕花，大方砖铺地。有天井水池。覆盆础、梭柱、斗拱、雀替等构造样式，体现出明中期特点，且沿袭宋、元以来的『禅宗样』古法。1988年作为潜口民宅的组成部分被列为全国重点文物保护单位。

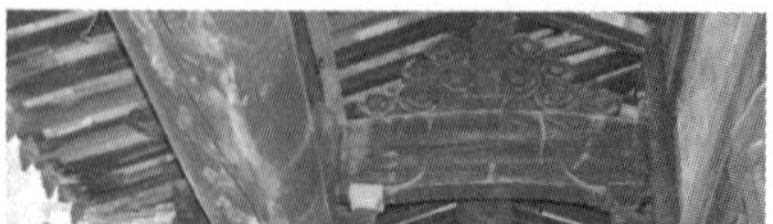

陈闾祠堂

位于黟县碧阳镇星火村陈闾组，建于清代。坐北朝南，通面阔10米，通进深29.2米，占地面积292平方米。三进（门屋、享堂、寝堂）三开间二庑廊砖木结构建筑。前、中进为单层，后进为二层。正前为入口大门，后进照壁后上楼。享堂及两庑廊设卷棚轩。梁架承重，中青瓦屋面，三合土地坪，大块青料石铺天井地坪。

陈氏宗祠

位于祁门县闪里镇坑口村，建于宋代，明万历二年（1574）重修。坐北朝南偏西，三进五开间前后天井砖木结构建筑。通面阔14.8米，通进深36.3米，占地面积537平方米。祠前遗存旗杆石4块，石立柱14根。2017年被列为黄山市重点文物保护单位。

陈氏宗祠

位于祁门县小路口镇双莲村双河口组，建于清代。坐西朝东，三进三开间前后天井砖木结构建筑。通面阔10.6米，通进深32.3米，占地面积约342平方米。有抱旗鼓石、旗杆石各1对。2003年重修。

陈世香火堂

位于黄山区三口镇白果树村老九组，建于清末。二进三开间，占地面积166平方米，高约5.5米。天井上檐残存斜撑2个。该香火堂木架结构为抬梁式与穿斗式相结合，中轴为抬梁式，墙架为穿斗式。水门汀地面，大部分为斜方格纹饰，后进中部饰有吉祥图案，平铺式天井，板壁墙，天棚望板。

陈周友家祠

位于黟县宏村镇屏山村，建于清代。坐北朝南，开间9.7米，进深13.95米，占地面积135.3平方米。二进三开间上下堂中天井二层建筑。前门为巷道，木构架承重，三开砖空斗墙围护，小青瓦屋面。

成本堂

位于歙县三阳镇慈坑村，洪氏祠堂，建于清末。坐东北朝西南，二进三开间。通面阔10.55米，通进深14.9米，占地面积157.195平方米。木雕梁柁众多，雕刻精致，栩栩如生。

成德堂

位于绩溪县上庄镇石家村村尾，建于清代中期。坐南朝北，占地面积310平方米。一进三开间上下对堂中天井。木构件略施雕刻。梁架和基础较好，有些木构件因白蚁腐蚀严重已腐朽。和石家村1号、5号、12号、25号、42号、2号、35号、8号、13号、11号以及魁星阁组成的古建筑群2004年被列为安徽省重点文物保护单位。

成性祠

位于歙县杞梓里镇磻溪村，系方氏祠堂，建于清代。二进五开间。占地面积673.75平方米。大门口配有石鼓1对，前进石柱石栏杆，大门饰有麻布溪画门神像，后进改造为磻溪小学教室，寝殿石阶栏杆雕饰精美。中进地面方形砖铺就。

成义堂

位于婺源县中云镇豸峰村北端，系潘氏支祠，又名『通奉大夫晋三公祠』，建于清同治年间。坐南朝北，由大门门屋、庭院、寝殿、书塾组成。占地面积520平方米。大门建有『八』字照墙，入内庭院旁侧是书塾，二门用青砖砌成三开间的牌楼门。祠内无亨堂，祭祀活动于寝殿内进行。构件装饰丰富，仅斗拱就有『米』字形、斜拱等近10种；木雕多为高浮雕、透雕；寝殿底层天花正中由螺旋形斗拱构成覆钵藻井。2006年被列为全国重点文物保护单位。

诚一堂

位于祁门县平里镇花桥村板溪组，系康氏宗祠，建于清代。坐东朝西，前进已失，现存享堂、寝堂二进。通面阔10米，通进深34米，占地面积340平方米。2001年村人集资修缮，局部风貌缺失。

承德堂

位于歙县杞梓里镇齐武村上南村组，系鲍氏宗祠，建于清代。坐西朝东，三进三开间。通面阔11米，通进深20.7米，占地面积238.7平方米。中进享堂梁架为前卷后轩，内部驼峰、雀替、平盘斗、象鼻等构件雕刻精美。

承德堂

位于歙县霞坑镇里方村，胡氏宗祠，建于清代，有楼。坐西北朝东南，三进三开间，通面阔15.4米，通进深39.2米，占地面积600平方米。大柱硕梁，高墙飞檐，斜撑、梁柁皆雕刻精美。

承恩堂

位于祁门县祁山镇六都村，建于明弘治年间。坐北朝南，背依窦山，原名『永安堂』，后因明穆宗二弟郑王朱载玺赐『承恩』匾额而改名，为程氏仁山门支祠。通面阔17米，通进深38.9米，占地面积661平方米。2000年被列为祁门县重点文物保护单位。

承庆堂

位于祁门县箬坑乡栗木村，系王氏支祠，建于清末。坐北朝南，三进三开间砖木结构建筑。通面阔9.6米，通进深22.8米，占地面积219平方米。祠内无精雕细作，原大门处抱鼓石已失。

程家祠堂

位于歙县新溪口乡太平村下村组，建于清代。坐西朝东，二进三开间。通面阔10米，通进深12.5米，占地面积125平方米。大门有门楼。

程家祠堂

位于黟县碧阳镇南屏村，建于清乾嘉年间。坐东朝西，通面阔10.15米，通进深27.2米，占地面积276.1平方米。三进三开间二天井二廊。门口2根『黟县青』大理石柱及数十根方柱，大门口『八』字墙分立两侧，青砖地面，柱礅石门屋部分雕刻精美，造型丰富，栩栩如生，直枋、博风板、挑头、斜撑均有精美木雕，屋面望板，小青瓦屋面。2006年被列为全国重点文物保护单位。

程家祠堂

位于歙县许村镇前村，建于清代。坐北朝南，二进三开间。通面阔9米，通进深12.5米。后进已倒塌。前天井被遮，柱子损毁数根，木雕尚存部分。

程氏祠堂

位于休宁县龙田乡浯田岭村，建于清代。坐东朝西，占地面积320.25平方米。存门屋、享堂、寝楼。大门用水磨砖砌就，门屋平盘斗雕如意图案。享堂立柱粗大，柱础有方形及圆鼓状。祠堂前存有旗杆石，南侧墙体内嵌青石碑，落碑时间分别为乾隆五十九年（1794）、嘉庆八年（1803）。

程氏祠堂

位于歙县狮石乡狮石村，建于清末。坐西朝东，二进三开间带天井。通面阔10.4米，通进深15米，占地面积156平方米。前有小院，下堂有一厢房。

程氏上祠堂

位于绩溪县瀛洲镇仁里村194号，建于清代中期。坐西南朝东北，分前、中、后三进。前进已不存，现存中、后两进。占地面积320平方米。中进面阔五间，进深三间，前部设拱轩，后部设『人』字轩。条石天井，南北向设条石踏步登上寝楼。寝楼面阔五间，进深两间，前檐距天井1.4米，装置新石栏板7组。斗拱承挑出檐，祠内的雀替、驼峰、平盘斗、象鼻梁等构件雕饰精致，保存完整。

程氏宗祠

位于歙县北岸镇白杨村上祈自然村，建于清代。坐北朝南，三进五开间。通面阔10米，通进深23.75米，占地面积237.5平方米。门楼呈五凤楼结构，有部分砖雕，内有诸多木雕，较精美。

程氏宗祠

位于屯溪区昱中街道前园路，建于明代。占地面积554平方米。三进五开间悬山式砖木结构建筑。正脊用薄砖漏孔堆砌三层，两端有鳌鱼吻，五架梁粗大，地面、正厅和四廊铺磨面麻石板，其他均铺设方砖。2016年实施展陈改造，馆内现陈列算具100余件、程大位著作以及其他珠算相关书籍等。1998年被列为安徽省重点文物保护单位。

程氏宗祠

位于黄山区甘棠镇兴村，又名『叙伦祠』，始建于明代，后被毁，清代后期重建，保留有明代风格。共有三进，第一进为门厅，第二进为大堂，第三进为寝殿。通面阔22.6米，通进深58.6米，建筑面积1324.36平方米，高7.5米。硬山式屋顶，木架结构穿斗式，门楼为五凤楼。祠内木雕、砖雕、石雕俱全，雕刻造型栩栩如生。2013年被列为全国重点文物保护单位。

程氏宗祠

位于绩溪县伏岭镇北村古塘里自然村88号右侧，建于清代晚期。坐西北朝东南，占地面积182平方米。一进三开间二层建筑。现仅存后进。重檐式屋顶，抬梁式梁架，三合土地坪，木构件雕刻精美。

程氏宗祠

位于歙县杞梓里镇苏村崇村自然村，建于清代。坐北朝南，三进三开间。通面阔11.7米，通进深38.4米，占地面积449.28平方米。该祠分三次建成，后进建于清初，中进建于乾隆年间，前进建于光绪十年（1884）。

程氏宗祠

位于绩溪县家朋乡坑上村，建于清代晚期。坐北朝南，占地面积317平方米。由前进、中进和后进组成。歇山式屋顶，抬梁穿斗并用式梁架，三合土地坪，其后为庭院、亨堂。亨堂面阔五间，进深三间，设拱顶和『人』字顶，上首悬挂『谦裕堂』匾额。后进为寝楼，中进与后进中间设一天井，三合土地坪，室内的木雕构件雕刻精美。

程氏宗祠

位于歙县雄村镇航步村，建于明代。坐南朝北，二进三开间。通面阔14.15米，通进深26.35米，占地面积372.9平方米。主体结构完整，门前有石狮。

程氏宗祠

位于歙县富堨镇仁里村，建于清代，20世纪90年代重修。坐北朝南，三进三开间。通面阔11.2米，通进深23.4米，占地面积262.1平方米。中进面积较大，前、后进面积较小，梁上有雕花。2012年被列为黄山市重点文物保护单位。

程氏宗祠

位于歙县桂林镇跳岭村，始建于清同治年间，光绪年间重建，1955年再修。建筑面积296.64平方米。

程氏宗祠

位于歙县长陔乡石门坑村徐家自然村，建于清代。三进五开间二天井。通面阔10.1米，通进深33米，占地面积340平方米。大门口上方有狮子木雕。『八』字墙有砖雕，内部构件有雕刻。

持敬堂

位于祁门县闪里镇桃源村下村组，系陈氏支祠，建于清代。坐北朝南，三进三开间砖木结构建筑。通面阔11.3米，通进深26.8米。原为桃源四十四世祖季生公之孙四十六世思一公明初所建三甲祠，民国时期因受火灾，在原址缩小重建。2012年被列为安徽省重点文物保护单位。

崇报祠

位于歙县徽城镇渔梁街，又名『坝祠』，渔梁坝的附属建筑，建于清末。坐北朝南，三进三开间。占地面积343.56平方米。由门屋、享堂、寝堂、天井、廊庑组成。专祀宋代以来有功于修坝的官绅。有简单门罩，青石门框上刻有『崇报祠』三字，清光绪二十八年(1902)徽州知府黄曾源所题。2001年被列为全国重点文物保护单位。

崇本堂

位于歙县上丰乡丰源村杨家坦自然村，建于清代中叶。坐北朝南，三进三开间，仅存后进和两廊。通面阔11米，通进深9.4米，占地面积103平方米。内有部分砖、木雕，后进有石栏杆和清顺治十八年(1661)『崇本堂』匾额。

崇本堂

位于婺源县段莘乡裔村，建于清乾隆年间。昔日，裔村分为上、中、下三门，共有汪氏宗祠『崇本堂』，三门又各建有分祠(厅屋)，而上门厅屋建筑最佳。上门厅屋由头门、二门、正堂(大厅)、后寝4部分组成，占地面积1200平方米。头门和二门之间有花园，正堂中间有四披大天井。厅屋的斗拱、脊吻、檐椽、柱础做工考究，内部『三雕』细腻精美。门前还有4个旗杆墩，见证昔日汪氏诗书继世、科甲蝉联。2005年被列为上饶市重点文物保护单位。

崇德堂

位于歙县上丰乡丰源村杨家坦自然村，建于清代。坐北朝南，二进三开间，现仅存后进。通面阔10米，通进深8.75米，占地面积87平方米。内有狮子、鹿等动物及花草木雕，后进梁上有皇恩钦赐九品顶戴御旨，另有3张捷报，字迹不清。

崇德堂

位于祁门县小路口镇大丰村吴村组，系吴氏宗祠，建于清代。坐北朝南，三进三开间前后天井。通面阔9米，通进深32.7米，占地面积294平方米。抱鼓石、四来头、享堂照壁已失。原有『长史名家』匾额，现已毁。1981年曾大修。

崇德堂

位于祁门县小路口镇大丰村双坑组，建于清末。坐北朝南，现存建筑为享堂部分，一进三开间。通进深8.5米，通面阔10米，占地面积85平方米。2000年进行屋面、墙体和局部木构架修缮，水泥铺地面。

崇德堂

位于祁门县历口镇西塘村张闪组，系黄氏宗祠，建于清末。坐西北朝东南，三进五开间前后天井砖木结构建筑。通面阔12.5米，通进深28米，占地面积350平方米。祠门前设有青石抱鼓1对，祠内梁枋、柱础等无雕饰。

崇德堂

位于黄山区新丰乡新丰村悦冲组，建于清代。二进三开间。占地面积62.1平方米，高约6米。前后两天井均为大天井，为回廊式，板壁墙，天棚望板，卷棚，木架结构穿斗式，斜方格纹水门汀地面，基础条石为岩石浮雕，地沟式天井，前天井有斜撑6个，后天井有斜撑11个。

崇德堂

位于歙县许村镇前村上九自然村，建于清代。坐北朝南，三进三开间。通面阔8.5米，通进深15.8米，占地面积134.3平方米。无砖木雕刻。

崇一堂

位于祁门县渚口乡水村水二组，系汪氏宗祠，建于清代。坐西北朝东南，二进三开间带天井无寝堂。通面阔9.6米，通进深19.7米，占地面积189平方米。

春晖堂

位于歙县霞坑镇联丰村柿木坨组，建于清末。坐东朝西，二进三开间二层建筑。通面阔8.9米，通进深12.1米，占地面积109平方米。下堂有厢房，天井两侧有廊，雕花屏门装隔，砖、木雕精美。

春晖堂

位于绩溪县家朋乡磡头村怀恩堂7号，建于明代中期。坐东朝西，占地面积95平方米。一进三开间二层建筑。硬山式屋顶，外砌封火墙，抬梁穿斗并用式梁架，撑拱承挑出檐，前檐檐部设一天井。明间东壁上首悬挂白底黑字匾一块，上书『春晖堂』三字。狮形撑拱、如意撑、隔扇、影壁两侧的木门雕刻十分精美。

春晖堂

位于歙县霞坑镇石潭村，又名『上门祠堂』，系吴氏宗祠，始建于南宋嘉定年间，现存祠堂建于清嘉庆年间，光绪年间重修。坐东朝西，三进三开间。通面阔10.8米，通进深42.2米，占地面积431平方米。正堂高敞，梁柱粗大，轩顶华美。全堂髹漆红色。2012年被列为安徽省重点文物保护单位。

慈右堂

位于歙县三阳镇中村，建于清代。坐北朝南，二进三开间。通面阔13.3米，通进深8.2米，占地面积109平方米。现存后进，内部梁柁、雀替、斜撑等有雕刻，有象鼻。

崔氏七甲祠

位于黄山区甘棠镇甘棠村前山组，芙蓉菜市场东南方，又名『四方仓』，建于清代。占地面积约431.25平方米。三进三开间二天井。『八』字门，木架结构穿斗式，柱为石质和柏木，梁多为松木，屋顶有卷棚望砖，墙面内饰青泥花砖。

崔氏香火堂

位于黄山区甘棠镇甘棠社区前山组，又名『三共孝』，建于清代。二进三开间中天井。硬山式屋顶，木架结构穿斗式，前脸门罩有木雕刻，有残缺。

存古堂

位于歙县三阳镇竹铺村，建于清代中期。坐西南朝东北，三进三开间，后进二层建筑。通面阔10.24米，通进深24.4米。大门有门楼，内部斜撑、梁柁等构件有雕刻，有柱、横匾、竖匾。

存厚堂

位于歙县深渡镇昌中村外河组，系吴氏支祠，建于清代。坐北朝南，通面阔11米，通进深13.9米，占地面积152.9平方米。上下对堂中天井二层建筑。设边楼，正厅后设楼梯。天井东边有边门通厢房，大门顶有『积公祠』三字。

达德堂

位于歙县霞坑镇三联村向东组，建于清代。坐西朝东，三进三开间二层建筑。通面阔10米，通进深18.2米，占地面积182平方米。大门开在东南角，有砖雕门罩，梁柁、雀替、斜撑有雕刻，有董其昌题『达德堂』匾额。

大邦伯祠

位于歙县许村镇许村，建于明嘉靖年间。坐北朝南，三进五开间，外加一门楼。通面阔18米，通进深60米，占地面积1080平方米。门楼砖砌，四柱三间五楼式，仿木结构，宽8.45米，高约11米，楼檐下每组斗拱都有象鼻，并饰以枫拱。字板上书有『大邦伯』三字，旁有嘉靖年款题记。前檐轩有上昂式挑斡，保留梭柱、覆盆础，特别是前檐明间柱础为木质，极为罕见。2006年被列为全国重点文物保护单位。

大夫第

位于歙县许村镇许村西沙自然村，建于明代。坐南朝北，三进三开间。通面阔17.5米，通进深22.35米。有丁头拱、平盘斗、叉手、鹰嘴等典型明代构件，梁架施红色油漆。2006年被列为歙县重点文物保护单位。

大经堂

位于祁门县闪里镇桃源村口，系陈氏支祠，始建于元代，现存为明式建筑。坐北朝南，三进三开间砖木结构建筑。通面阔17.8米，通进深46.5米，占地面积828平方米。由庭院、门厅、前天井、享堂、后天井、寝堂等组成。2012年被列为安徽省重点文物保护单位。

大经堂

位于婺源县大鄣山乡岭下村，系王氏宗祠，明崇祯十二年（1639）建。由砖砌『八』字门、庭院、享堂、寝室组成，占地面积700平方米。祠内梁、柱组合匀称，悬挂有清康熙年间『经魁』等7块匾额。2005年被列为上饶市重点文物保护单位。

大墓祠

位于歙县许村镇许村东升组，建于明代中叶。坐西北朝东南，三进三开间。通面阔9.3米，通进深29.7米。梭柱，柱头有丁字拱，檐柱下有三升斗拱，轩部双步梁上有莲花盘斗，上置花瓶式瓜柱，月梁上有堆云状驼峰，山墙边重柱上有奔浪形叉手。2006年被列为全国重点文物保护单位。

戴氏宗祠

位于婺源县清华镇梅泽村，建于清代。由大门门屋、享堂和寝室组成。占地面积300平方米。宗祠木雕装饰精致。粉墙上有『清同治八年八月十五日胜春班在此一乐』和『庆春班光绪拾年四月十九日到此』等戏班所留题壁。

德本堂

位于歙县上丰乡丰源村古溪自然村，建于清代。坐西朝东，二进三开间。通面阔9米，通进深17.6米。『八』字墙，门楼有木雕狮子、麒麟等。内部有狮子、花草等木雕，后进有楼。

德本堂

位于黄山区汤口镇汤口社区，建于清代。占地面积123.19平方米，高约6.5米。二进三开间跑马楼式二层建筑。一层高于二层，原门开在右厢，后改西墙。木架结构穿斗式，斜方格纹水门汀地面，平铺式天井，板壁墙，方柱方梁。后堂有『德本堂』匾额。西侧木格门扇。

德胜堂

位于黄山区永丰乡文祥村章中组，建于清代。占地面积135.26平方米，高约5.3米。二进三开间一天井。平铺式天井，板壁墙，望砖卷棚，后铺水泥地面，两厢阁楼。

德恕堂

位于祁门县历口镇西塘村，系黄氏宗祠，始建于宋代，重建于清光绪二年（1876）。坐西朝东，三进五开间砖木结构建筑。通面阔16.4米，通进深33.3米，占地面积546平方米。照壁设抱鼓石1对，梁枋、柱础、雕刻等古朴，三合土地坪。

德政堂

位于歙县上丰乡屯田村外屯自然村，系宋氏宗祠，建于明末清初。坐东朝西，三进五开间。通面阔17.4米，通进深41米。大门四柱三间五楼式，鳌鱼翘角，有木斗拱，砖雕葵花、『卍』字花纹。2017年被列为黄山市重点文物保护单位。

东川祠堂

位于歙县徽城镇紫阳村，建于清代。坐南朝北，二进三开间带天井二层建筑。通面阔8.75米，通进深10.3米，占地面积90.1平方米。圆柱。

董氏宗祠

位于婺源县镇头镇游山村，建于清乾隆五十年(1785)。坐南朝北，为三进院落，由大门门屋、享堂和寝室(均三开间)组成。占地面积316平方米。门屋内墙嵌有一块『义田记』碑。2005年被列为婺源县重点文物保护单位。

笃麟堂

位于歙县上丰乡上丰村中街，建于清代。坐西朝东，三进三开间，后进有楼。通面阔9.6米，通进深24米，占地面积230.4平方米。大门前原有坦，室内木雕有花草、鸟兽图案。

惇叙堂寝室

位于歙县坑口乡坑口村芳坑自然村，系汪氏宗祠，始建于明代，清代重修。坐北朝南，三进五开间。通面阔15.2米，通进深29.15米。现仅存后进。神龛前原有精雕隔扇。三合土地坪，前沿麻石板，麻石栏板，两边麻石石阶，双边楼梯。

惇义堂

位于祁门县历口镇光辉村大一、大二组内，系冯氏宗祠，建于明万历元年（1573）。坐北朝南，三进五开间砖木结构建筑。通面阔15.4米，通进深41.6米，占地面积641平方米。前有院，前后天井，有寝堂设祖宗牌位。2012年被列为祁门县重点文物保护单位。

敦本堂

位于歙县许村镇前村东山自然村，系程氏宗祠，建于清初。坐东朝西，三进三开间。通面阔11.4米，通进深30.4米。祠内有大小石柱12根，石柱托做工不一。后进寝殿完整。

敦本堂

位于歙县霞坑镇和溪村，系方氏宗祠，建于清代。坐北朝南，三进三开间。通面阔8.88米，通进深25.68米。门屋已改，中进三开间，廊庑已改，后进五开间。雀替、梁柁等构件有雕刻。

敦本堂

位于歙县上丰乡屯田村里屯自然村，系汪氏支祠，建于清代。坐西北朝东南，二进三开间。通面阔11.6米，通进深18.8米。门楼上部墙已改，门额砖雕『汪氏支祠』四字。内部梁枋均为矩形断面。

敦本堂

位于祁门县闪里镇文堂村中文堂组，系陈氏宗祠，建于清代。坐北朝南偏东，三进五开间前后天井。通面阔15.7米，通进深40米，占地面积628平方米。门前有抱鼓石1对。

敦本堂

位于祁门县历口镇正冲村内里屋河畔上，系陈氏宗祠，始建于明代，清光绪三十四年（1908）扩建。坐西南朝东北，三进五开间前后天井砖木结构建筑。通面阔14.6米，通进深37.2米，占地面积543平方米。门前抱鼓石1对，旗杆石4块。2012年被列为祁门县重点文物保护单位。

敦本堂

位于祁门县箬坑乡双马村马山组，系叶氏宗祠，建于清康熙四十一年（1702）。坐西朝东，二进三开间中天井砖木结构建筑。通面阔13米，通进深21米，占地面积273平方米。无寝堂，享堂后壁设祖先牌位。

敦本堂

位于歙县坑口乡坑口村芳坑自然村，系胡氏支祠，建于清代。坐南朝北，二进三开间上下对堂砖木结构建筑。通面阔8.5米，通进深12.3米，占地面积105平方米。抬梁式梁架，大门单间，两次间为『八』字墙。有木雕斜撑狮子。

敦本堂

位于歙县杞梓里镇苏村，系方氏宗祠，建于清代中叶。坐北朝南，三进五开间砖木结构建筑。通面阔14.7米，通进深25.2米，占地面积370.44平方米。享堂为明式风格，有月梁、平盘斗、丁头拱，插拱承檐。隔间装修用芦苇『编竹造』。2012年被列为黄山市重点文物保护单位。

敦本堂

位于歙县郑村镇棠樾村，系鲍氏宗祠，俗称『男祠』，始建于明嘉靖年间，清嘉庆六年（1801）重建。坐北朝南，共三进。通面阔18.24米，通进深55.6米。门厅为『五凤楼』式，屋角起翘，两边『八』字墙上有精细砖雕。祠内保存有《鲍氏五伦述》漆屏16扇（今存歙县博物馆）和《公议敦本、体源户规条碑》《鲍氏义田记》《嘉庆上谕三道碑》等碑刻共15方。1996年被列为全国重点文物保护单位。

敦复堂

位于婺源县段莘乡庆源村，由『业商于乐邑』、时为庆源首富的詹庚堂（詹良梓）建于清道光年间，历时五年始成。坐西朝东，走马楼式砖木结构三层建筑。通面阔12.6米，通进深40米，总占地面积502平方米。屋顶为四合院形式，分前后堂，内设四披水檐天井。天井下置一大瓦缸承接雨水，长年不腐。屋内堂前为『假四合』结构，青石板铺地，厢房4间。花窗木雕图案为梅兰竹菊、渔樵耕读等，形态逼真，繁复精美。隔扇、斜撑等雕刻精细，保存完好。2005年被列为婺源县重点文物保护单位。

敦复堂

位于黄山区谭家桥镇中墩村谭家桥组，建于清代。二进五开间。占地面积285.74平方米，高约6米。原为三进，后进被烧。前、后进两侧有耳井，并有阁档。木架结构穿斗式，斜方格纹水门汀地面，地沟式天井，板壁墙，天棚望砖，卷棚偷柱，月梁为双狮戏球。中堂有一块『敦复堂』匾额。前门门罩砖雕尚存，内部存有『捷报』等文书。

敦贵公祠

位于婺源县江湾镇上晓起村，系济阳江氏宗祠，为祭祀始祖郑八公及列祖列宗的众家祠堂，原祠已毁，现祠为清光绪年间一品大员江人镜出资重修。二进三开间。占地面积283平方米。两侧有『八』字照壁，但左侧的照壁已被火焚毁。东侧原有族内接待来客的敬业斋。祠堂大门一分为三，中为祭祖时男丁行走，左右两侧偏门为女眷所进出。有享堂和寝殿。正中匾额原为清名臣林则徐所题。整体保存良好。2005年被列为上饶市重点文物保护单位。

敦和堂

位于祁门县溶口乡景石村，系李氏宗祠，建于清代。坐北朝南偏西，三进三开间前后天井砖木结构建筑。通面阔11.2米，通进深41.5米，占地面积465平方米。祠外保存有旗杆石8块，局部曾进行修缮。

敦和堂

位于祁门县渚口乡水村水一组，系曹氏宗祠，建于清代。坐西北朝东南，二进三开间。通面阔10米，通进深32.3米（含前院）。无寝堂，现仅存享堂，前天井、边廊、门楼建筑已毁。

敦厚堂

位于歙县霞坑镇霞坑村士川自然村，属士川村二奉厅众屋，建于清代。坐南朝北，三进三开间。通面阔6.8米，通进深20.52米，占地面积140平方米。大门有门罩，门罩有砖雕。中进梁柱粗大，梁柁雕人物，中、后进分别悬挂『敦厚堂』匾额和『齿德兼隆』匾额。梁柱霉烂。

敦厚堂

位于歙县上丰乡溪源村，系吴氏宗祠，建于清代。坐北朝南，三进三开间，后进为二层建筑。通面阔8.4米，通进深12.6米。门楼鳌鱼翘角，有4个大『寿』字圆砖雕，大门上方书『敦厚堂』三字。内部冬瓜梁、象鼻和蝙蝠等有木雕图案。

敦化堂

位于祁门县历口镇深都村淑里自然村，系黄氏宗祠，建于清代。坐北朝南，三进五开间前后天井砖木结构建筑。通面阔16米，通进深20米，占地面积320平方米。正面墙为后期增建，门楼处木雕狮子保存较好，并饰有斗拱式斜撑。

敦伦堂

位于歙县上丰乡屯田村里屯自然村，系汪氏宗祠，建于明末。坐西北朝东南，二进三开间。通面阔11米，通进深17.5米。门楼上方有木雕狮子1对，左右有鳌鱼1对，『八』字墙。内部梁柁、雀替等构件有简单雕刻。

敦伦堂

位于祁门县历口镇彭龙村，系莫氏宗祠，建于清代。坐北朝南，一进三开间砖木结构建筑。通面阔12.5米，通进深12.3米，占地面积154平方米。现仅存享堂，享堂后壁设祖先牌位。

敦伦堂

位于祁门县古溪乡东源村竹山组，系林氏宗祠。原祠为一进式建筑，现存建筑为1962年重建。坐东南朝西北，二进三开间中天井。通面阔15.2米，通进深19.6米，占地面积298平方米。无寝堂。

敦伦堂

位于祁门县渚口乡水村水二组，系倪氏宗祠，建于清代。坐西朝东，原三进三开间，现存享堂和寝堂二进。通面阔13.2米，通进深28.6米，占地面积378平方米。大门为牌坊式门楼，天井部分已缺失。

敦伦堂

位于婺源县思口镇西冲村，系俞氏宗祠，始建于清嘉庆年间。为西冲俞氏二十四世祖俞兆友公次子俞德宗所建。占地面积2100平方米。分主祠和花园两大部分，主祠分前堂、享堂和寝室三部分，结构恢宏，做工细腻，雕刻精美。其特点为祠内设有水牢，用于关押违犯族规的不肖之徒，同时兼有消防作用。2006年被列为全国重点文物保护单位。

敦伦堂

位于婺源县江湾镇江湾村，建于明万历年间。占地面积360平方米。为明代右都御史兼户部侍郎江一麟故居，现辟为江一麟纪念馆。正屋前有一个精致院落，正堂悬挂『敦伦堂』匾额，房屋雕刻简洁，装饰朴素，进门后，在大天井下是坍池。坍池两头是深沟，沟底内用鹅卵石砌成『人』字，为明代深沟坍池风格。整个坍池看上去很像一把旧时的铜锁。主人要用这把『锁』锁住屋里的地气、财气和人气。2006年被列为江西省重点文物保护单位。

敦履堂

位于绩溪县上庄镇上庄村柏枝路49号，建于明代末年。坐西北朝东南，占地面积145平方米。砖木结构，上下对堂，二楼通转。外砌封火墙，中置天井，丁头拱、月梁、鹰嘴柱、芦苇墙、楼板下置以搁栅等建筑特征，具有明显的明代风格，正屋中间上方悬『敦履堂』匾额，清初有过较大的维修，建筑基本保存完整。1998年被列为安徽省重点文物保护单位。

敦睦堂

位于祁门县古溪乡古溪村正源组，系汪氏宗祠，始建于清乾隆年间。坐北朝南，二进三开间中天井。通面阔9.3米，通进深21米，占地面积195平方米。门前抱鼓石1对，享堂后壁设祖先牌位。现存建筑于1951年大修。

敦睦堂

位于黟县美溪乡黄姑村三甲组，系汪氏宗祠，建于清代。坐东朝西，通面阔12米，通进深26.75米，占地面积321平方米。三进三开间带门屋二天井砖木结构建筑。梁架承重，三开砖空斗墙围护，中青瓦屋面，三合土地坪，内构配件雕刻较好。

敦睦堂

位于歙县许村镇许村金村自然村，建于明万历年间。坐西朝东，三进五开间。通面阔13.25米，通进深31.23米，占地面积430平方米。大门前有一廊，后进已倒。中进进深13.8米，梁柱粗硕，大梁绘包袱锦，其中部绘八仙；柱子披麻抓灰，月梁下用丁头拱，瓜柱下做鹰嘴，叉手奔浪形。双步梁上有成对驼峰，月梁间斗拱上昂托起小梁，小梁上饰双龙戏珠，上接轩枋。2012年被列为安徽省重点文物保护单位。

敦庆堂

位于祁门县历口镇环砂村杨村组，系汪氏宗祠，建于清末。坐北朝南，三进三开间前后天井砖木结构建筑。通面阔12米，通进深30.5米，占地面积366平方米。门前有抱鼓石1对，门楼上饰有斗拱式斜撑，寝堂内供有祖先牌位。

敦善堂

位于祁门县溶口乡溶光村胡家组，系胡氏宗祠，建于清代。坐东朝西，三进五开间前后天井。通面阔13.4米，通进深39米，占地面积523平方米。木雕狮子斜撑4只，保存尚好。

敦叙堂

位于歙县上丰乡溪源村外西坑组，系宋氏宗祠，始建于明嘉靖三十年（1551），清道光初年重建。坐东南朝西北，三进三开间。通面阔15米，通进深45米，占地面积675平方米。门厅分心式，中砌砖墙，居中门额上书『大宋光禄大夫宋觃公第』，两侧『八』字墙上有八仙砖雕和微型门窗花墙装饰，并绘有戏曲故事、人物彩绘。

敦叙堂

位于祁门县历口镇铺岭村石岭组，系凌氏宗祠，建于清代。坐北朝南，二进三开间中天井砖木结构二层建筑。通面阔 10 米，通进深 19.7 米，占地面积 197 平方米。门前有抱鼓石，享堂后壁设祖先牌位。

敦义堂

位于歙县上丰乡溪源村，系吴氏宗祠，建于清代。坐北朝南，三进三开间。通面阔 10.2 米，通进深 23.3 米。祠门『八』字墙，门楼为空心砖雕宝葫芦图案，内部木雕为松鼠、花草等图案。后进有楼。

敦义堂

位于祁门县渚口乡伊坑村汪二组，系叶氏宗祠，始建于清光绪三十二年（1906），重建于民国二十二年（1933）。坐东朝西，三进三开间。通面阔11.3米，通进深33.6米，占地面积380平方米。由享堂、寝堂和前后天井组成。

方祠文昌阁

位于绩溪县华阳镇犁尖角，始建于明成化年间，清嘉庆七年（1802）重建。坐北朝南，二层建筑。面阔和进深各三间，占地面积20平方米，高9.5米。是方氏家族存放谱牒、文稿及祭拜文昌帝君之所在。重檐歇山式屋顶，墙体砌至阁高的三分之二处，向外挑出下层屋檐，二楼四周有可启闭的槛窗，结构严谨，小巧玲珑，线条奔放，明快轻松。1986年被列为绩溪县重点文物保护单位。

方氏同德堂

位于歙县金川乡合丰村石境岭自然村，建于清代。坐南朝北，二进三开间砖木结构建筑。通面阔11.45米，通进深12.65米，占地面积144.8平方米。大门顶有精美的砖雕门罩，内有少量木雕。

方氏香火堂

位于黄山区仙源镇龙山村水关组，建于清代。大门朝南，占地面积287平方米。二进五开间。东西两侧有阁楼，木架结构穿斗式，中间有大天井，前进为麻石地面，后进是水门汀地面。现存梁袱14个、斜撑12个。

方氏支祠

位于歙县北岸镇白杨村上村自然村，建于清代。坐北朝南，二进三开间。通面阔6.9米，通进深19.8米，占地面积136.62平方米。内有部分木雕。

方氏支祠

位于歙县北岸镇五渡村，建于清代。坐西朝东，三进五开间。通面阔13.45米，通进深24.75米，占地面积332.89平方米。门楼无砖雕，内有少量木雕。

方氏忠节祠

位于歙县杞梓里镇磻溪村，建于清光绪元年(1875)。为祭太平天国时死于战乱的村民而建。二进三开间。占地面积196.56平方米。门庭上方有石雕双龙，中间有『圣旨』二字。后三排木柱为圆形。

方氏宗祠

位于祁门县大坦乡光华村花桥组，建于清代。坐北朝南，二进三开间中天井。通面阔9.4米，通进深18米，占地面积169平方米。享堂已塌，建筑体量较小。

方氏宗祠

位于徽州区潜口镇东山村灵坑自然村，建于清代。建筑面积129.5平方米。一进三开间。大门开在正中，进门无天井，厅堂抬梁式屋架，矩形梁枋。五架梁加前后双步，前金柱与前檐双步装月梁，上置轩顶，厅堂长条砖横铺地。

方氏宗祠

位于婺源县镇头镇阳春村，始建于明嘉靖年间。通面阔22米，通进深34米，占地面积750平方米。分前堂、享堂、寝堂三部分，寝堂为二层建筑。有可容四五百人的露天大厅。内有古戏台，戏台上屋为大木榫卯组合建筑，16个飞檐前后左右对称，为嫩戗发戗反翘式；梁架是角科斗拱，圆形尖角藻顶，层层重叠，外形美观，结构牢固。戏台面积约50平方米，有40根台柱。前后按传奇剧要求设置8门，可供演员同时出入。后台比前台略小，左右抱鼓石各一。粉墙上记录了众多戏班到此演出的时间。2006年被列为全国重点文物保护单位。

方氏宗祠

位于歙县金川乡伏岭村高岔自然村，建于清代。坐北朝南，三进三开间二层建筑。通面阔10.5米，通进深26米，占地面积273平方米。天井两侧有廊，上堂为统间，砖、木雕精美。门罩保存完好。

方氏宗祠

位于绩溪县瀛洲镇浒里村，建于清代早期。坐东朝西，占地面积785平方米。三进五开间砖木结构建筑。门楼为重檐歇山式屋顶，两侧『人』字墙。中进前檐有石雕栏杆，抬梁穿斗并用式梁架，硬山式屋顶，外砌封火墙，斗拱承挑出檐。后进为二层建筑，前有腰檐，抬梁穿斗并用式梁架，硬山式屋顶。

方氏宗祠

位于歙县金川乡金川村，建于清代。坐西朝东，二进三开间。通面阔7.9米，通进深15.3米，占地面积139.37平方米。大门为二柱单间式清水砖门罩，正堂名『德耀堂』，梁枋粗硕，木雕精美。

方氏宗祠

位于歙县昌溪乡密川村，始建于清末，迁建于民国二十七年（1938），1998年重修。坐北朝南，三进三开间。通面阔11.5米，通进深20.55米，后进墙外10.65米，占地面积228.1平方米。

方氏宗祠

位于歙县北岸镇五渡村，建于清代。坐西朝东，三进五开间。通面阔 11.15 米，通进深 29.85 米，占地面积 332.83 平方米。祠堂门面改建，无砖雕，内有少量木雕。

方氏宗祠

位于歙县金川乡中源村山郭自然村，建于清代。坐东北朝西南，三进二明堂。通面阔 7.95 米，通进深 20.9 米，占地面积 166 平方米。木雕精美。

方氏宗祠

位于歙县坑口乡瀹潭村，建于明末清初。坐西朝东，三进七开间二层建筑，现存后进。占地面积110平方米。高脊重瓴，前檐有卷棚轩，轩壁有明万历时武英殿大学士许国所撰的始建碑，碑圆首，另有乾隆时的重修碑，嵌于左侧墙上。

方氏宗祠

位于休宁县鹤城乡樟田村樟沅里组入口处，又名『树德堂』，建于清代。坐北朝南，占地面积291.72平方米。存门屋、大厅、寝楼。前立八角形旗杆石8块，门屋雀替雕土龙，斜撑雕倒挂狮，平盘斗饰人物，立柱及柱础方形，侧墙砖雕饰花卉、海兽及『福』『禄』『寿』『余』字；大厅柱础圆鼓状，雀替雕花卉，斜撑雕卷草纹及人物，平盘斗雕祥鸟、瑞兽及『寿』字，寝楼平盘斗雕草龙及『福』『禄』等字，上悬『树德堂』木匾。2017年被列为黄山市重点文物保护单位。

丰庆堂

位于歙县坑口乡瀹潭村，系孙氏宗祠，建于清代中期。坐西北朝东南，通面阔12.45米，通进深27.9米，占地面积338.99平方米。三进砖木结构建筑。后进为五开间，有卷棚、轩顶、龛座、隔扇。

冯氏祠堂

位于歙县三阳镇木岭村蒲坑自然村，建于清代。坐东北朝西南，二进三开间。通面阔6.95米，通进深12.2米。

奉直大夫霭庭公祠

位于婺源县清华镇洪村，最初是家祠，由朝议大夫洪钧出资，建于清嘉庆二十一年(1816)。占地面积约1000平方米。三开间三层建筑。巨木构架。祠内悬挂『四世大夫』『七叶衍祥』『奉政大夫』和『世袭乡贤』等匾额。洪钧祖孙六代均被晋封为大夫，村人就把这座祠堂称为『六世大夫祠』。大门门坊上的砖雕十分精致，石匾上方雕『寿』字、夔龙和琴棋书画，还有牡丹、荷花、莲蓬、葡萄、松鼠等。2005年被列为上饶市重点文物保护单位。

辅仁堂

位于黄山区汤口镇芳村，建于清代。占地面积444.53平方米，高约8米。由一主一附2个建筑组合而成。主宅三进五开间跑马楼式二层建筑。木架结构穿斗式，木板铺地，平铺式天井。附宅位于主宅左后厢，二进三开间跑马楼式建筑。平铺式天井，现为厨房。

傅家祠堂

位于祁门县古溪乡古溪村傅家组，系傅氏宗祠。二进三开间中天井。通面阔10米，通进深19米，占地面积190平方米。木门档，四来头。

富岱山祠堂

位于歙县雄村镇山下村富岱自然村，建于清代。坐北朝南，一进三开间二层建筑。通面阔8.4米，通进深4.65米，占地面积39.1平方米。部分倒塌拆除，南面靠西部倒塌，楼梯修复。

高氏宗祠

位于绩溪县家朋乡尚村100号对面，建于清代中期。坐南朝北，占地面积77平方米。由前进和后进组成，中置一天井，硬山式屋顶，三合土地坪。前进是抬梁穿斗并用式梁架，面阔三间，进深一间；后进是抬梁穿斗并用式梁架，面阔三间，进深一间，后进略高于前进，室内的木雕构件雕刻精美。

高氏宗祠

位于绩溪县伏岭镇祝三村，建于清代中期。坐东北朝西南，占地面积256平方米。三进三开间前后天井。前进为歇山式门楼，拱轩顶，中进为抬梁穿斗并用式梁架，祠内有狮撑、驼峰、雀替、平盘斗装饰。

耕礼堂

位于黄山区永丰乡永丰村劳武组北部，建于清代。占地面积562.96平方米。门向东北，背靠山体，面向松川溪。主宅二进五开间前后二天井。左右厢各有一偏房，右厢已倒塌，前有影壁墙，木架结构穿斗式，斜方格纹水门汀地面，地沟式天井，板壁墙，天棚望板，卷棚月梁。

耕新堂

位于黄山区新丰乡新丰村悦冲组(8组)，建于清代。坐东朝西，主宅二进五开间，右厢偏房，五开间，占地面积449.34平方米，高约5.5米。东北为山地，侧面外墙圆穹式。木架结构穿斗式，斜方格纹水门汀地面，地沟式天井，板壁墙，圆柱方梁，天棚望板，无卷棚。

古祠堂

位于歙县霞坑镇山后村110号，建于清代。坐北朝南，二进三开间前后天井二层建筑。通面阔9.4米，通进深20.2米，占地面积约190平方米。大门有门楼，门楼有砖雕。内部斜撑、梁枪、雀替等构件有雕刻。

古越堂

位于歙县上丰乡禹川村姬川自然村，系汪氏宗祠，建于清代。坐北朝南，四进三开间二层建筑。通面阔9米，通进深25米。大门为砖雕门楼，上书『汪氏宗祠』四字。祠内梁枪、雀替等构件雕刻有人物、花草和动物。

观察第

位于歙县许村镇许村东升组，建于清初。俗称『墙里门』，系清初许氏纪念其先祖某道员而建造的支祠。坐北朝南，三开间二天井。通面阔9.4米，通进深29.1米。由门厅、天井、享堂、后天井、寝楼组成。门厅前堂两梢间为『八』字墙传统作法，中间大门上方嵌镶砖刻『观察第』字匾。2006年被列为全国重点文物保护单位。

观音堂

位于歙县三阳镇木岭村，建于清代。坐东北朝西南，二进三开间二层建筑。通面阔7.1米，通进深11.1米。内部有简单雕刻。

光禄公祠

位于婺源县江湾镇上晓起村，系江氏家祠，建于清光绪末年。二进一天井。占地面积392平方米。在小院的门楣上，有两幅色彩鲜明的『泛舟图』。画面上波光粼粼，柳丝飘舞，荡舟水面的男女人物，神情传真。

光启堂

位于祁门县历口镇陈田村，系王氏宗祠，建于清末。坐西北朝东南，三进五开间前后天井。通面阔13米，通进深31.2米，占地面积406平方米。有木雕、石础。

光启堂

位于绩溪县瀛洲镇仁里村136号对面，建于清代中后期。坐西朝东，占地面积208平方米。前进为三开间砖木结构建筑，重檐歇山式屋顶，斗拱承挑出檐，正脊两端饰鳌鱼，戗角飞腾，抬梁穿斗并用式梁架。木构件等均有精美的雕饰，整栋建筑结构严谨，梁架和基础较好。

光庆堂

位于祁门县历口镇彭龙村，系汪氏宗祠，建于清道光年间。坐北朝南，三进五开间前后天井砖木结构建筑。通面阔15米，通进深35.8米，占地面积537平方米。栅栏门内有抱鼓石1对，享堂檐口饰有斗拱式斜撑，左墙嵌有道光十七年(1837)罚戏碑一块。2012年被列为黄山市重点文物保护单位。

光裕堂

位于祁门县古溪乡古溪村中溪组路边，系吴氏宗祠，始建于清代中期，现存建筑建于民国五年(1916)。坐东朝西，二进三开间中天井。通面阔9米，通进深19.6米，占地面积176平方米。2012年被列为祁门县重点文物保护单位。

光裕堂

位于祁门县安凌镇赤岭村上曾组，系曾氏宗祠，始建于明永乐八年(1410)，清乾隆年间修建。坐西朝东，三进五开间中天井。通面阔18.1米，通进深29.2米，占地面积529平方米。祠前存有旗杆石8块。2012年被列为祁门县级重点文物保护单位。

光裕堂

位于黟县西递镇霭峰村上村组，系胡氏宗祠，建于清末。坐北朝南，面阔12.12米，进深17.65米，占地面积213.9平方米。三进五开间二庑廊砖木结构建筑。现仅存中进享堂部分。木构架承重，木柱粗大，圆梁，木构配件雕工精致。

光裕堂

位于婺源县清华镇洪村，系洪氏宗祠，始建于明正德年间，倡建人为里人洪金。此后，又在清康熙和道光年间两度重修，而且越修越大，越修越豪华。总占地面积约1200平方米。祠前有小院，约100平方米。主体分门屋、享堂和寝室三部分，内设四披水檐大天井，下有深沟坍池。门楼为五凤楼式，大门为卷棚轩式木门。门内的1对抱鼓石，名为『青天』『白日』。大门内部插拱层层叠叠，梁枋雕饰繁复而精美。2006年被列为全国重点文物保护单位。

广德堂

位于休宁县汪村镇杨源村左源组，建于清代。坐南朝北，占地面积228.78平方米。存门屋、大厅、享堂、后堂四进。门屋雀替雕花卉、如意，平盘斗饰如意纹；大厅立柱及柱础均方形，地面铺青石板，雀替雕花卉；享堂立柱及柱础均方形；整个后堂均为新建。

贵和堂

位于祁门县溶口乡严潭村，系王氏支祠，建于清同治年间。坐北朝南，四进三开间前中后天井。通面阔12.5米，通进深42.7米，占地面积534平方米。内墙嵌有清同治元年(1862)『严潭王氏义积会记』碑刻4块。

韩氏宗祠

位于黟县宏村镇大同村万村组，建于明代。坐西朝东，通面阔20.7米，通进深37.65米，占地面积779.4平方米。三进九开间二天井二廊砖木结构二层建筑。三开砖空斗墙围护，中青瓦屋面，青条石铺就天井，砖、木、石构配件及装修等制作保护较完整。1998年被列为安徽省重点文物保护单位。

合一堂

位于祁门县历口镇历溪村，又称『五凤楼』，系王氏宗祠，为明嘉靖年间御医王琠所建。坐西朝东，占地面积658.24平方米。分门楼、享堂、寝堂三部分。屋顶四角上翘，宛如1只老凤携带着4只雏凤鸣翔九天，故名『五凤楼』。整个大殿由120根立柱托起，正厅横梁雕饰龙凤呈祥和车马等图案。有关于禁止祠产买卖碑刻。大门前浮雕汉白玉石鼓1对。2004年被列为安徽省重点文物保护单位。

何家祠堂

位于歙县岔口镇胡岭村下湖自然村，建于清末。坐西北朝东南，三进三开间二层建筑。通面阔11.4米，通进深32.2米，占地面积367平方米。『八』字墙，木、砖雕非常精致。

何氏支祠

位于歙县许村镇许村前溪自然村，建于清代。坐西朝东，二进三开间带天井。通面阔8.8米，通进深12.55米，占地面积110.44平方米。大门有门楼，门楼上书『何氏支祠』四字。天井特别深。后进悬『德本堂』匾额。2017年被列为黄山市重点文物保护单位。

何氏宗祠

位于婺源县大鄣山乡菊径村，建于明天启年间。三进三开间，由大门门屋、享堂和寝室组成。占地面积600平方米。2005年被列为婺源县重点文物保护单位。

贺家祠堂

位于歙县新溪口乡太平村前二组，建于清代。坐东朝西，三进三开间。通面阔9.3米，通进深16.3米，占地面积151.6平方米。大门有门楼，有简易砖雕，内部雀替、梁柁等构件有雕刻。

恒德堂

位于歙县霞坑镇洪琴村124号，建于清代。坐北朝南，二进三开间二层建筑。通面阔10.5米，通进深13.4米，占地面积140平方米。上堂最北端挂『恒德堂』匾额，上堂天井边挂『稀龄举案』匾额。大门有门楼，门楼有砖雕，楼上有八边形小窗。内部窗栏、斜撑、雀替、梁柁有雕刻。砖、木、石雕十分精美。

洪氏祠堂

位于歙县金川乡合丰村，建于清末。坐东朝西，二进三开间。建筑面积65.32平方米。内部有精美木雕。

洪氏祠堂

位于歙县三阳镇小岫村，建于清光绪年间。坐东北朝西南，三进五开间二层建筑。通面阔11.1米，通进深28.6米。祠内有牌匾20余块。内部斜撑等构件有雕刻。

洪氏祠堂

位于歙县三阳镇英川村，建于清代。坐西北朝东南，二进三开间楼房。通面阔11.1米，通进深15.85米，占地面积175平方米。内有木雕梁柁。

洪氏家庙

位于徽州区岩寺镇洪坑村东南，又称『中贤堂』，系洪氏支祠，始建于明成化年间，清代重建。坐南朝北，建筑面积561.68平方米。三进五开间厅堂。前进为门厅过道，中进为厅堂，后进为寝殿。大门门罩上嵌石匾额书『洪氏家庙』，为明成化年间里人工部尚书洪远题字。厅堂用材硕大，斜撑雕刻倒爬狮。寝殿比中进高约1.2米。2004年作为洪坑牌坊群及洪氏家庙的组成部分被列为安徽省重点文物保护单位。

洪氏支祠

位于歙县三阳镇竹铺村，又称『致远堂』，建于清代早期。坐西南朝东北，三进三开间。通面阔12米，通进深33.67米，占地面积401平方米。大门有砖雕门楼，有木雕梁柁，有石柱。木雕精美丰富。

洪氏支祠

位于歙县三阳镇珠川村，又名『德和堂』，建于清光绪年间。坐西朝东，三进三开间二明堂。通面阔 7.55 米，通进深 17.3 米，占地面积 130.6 平方米。

洪氏宗祠

位于歙县三阳镇慈坑村，建于清代。坐西朝东，二进五开间。通面阔 9.2 米，通进深 21.67 米，占地面积 199.36 平方米。照壁后龛放神祖。有『八仙』梁柁和狮子等雕刻。

洪氏宗祠

位于歙县三阳镇金石村，建于清代。坐西北朝东南，三进三开间。通面阔11.2米，通进深28.33米，占地面积308平方米。『八』字门，梁柁、雀替、斜撑等构件有雕刻。

洪氏宗祠

位于歙县三阳镇三阳村，建于清初。坐北朝南，共三进，前、中进五开间。通面阔17米，通进深22.7米，占地面积385.9平方米。后进木狮、雀替雕刻精美。2012年被列为黄山市重点文物保护单位。

洪氏宗祠

位于歙县三阳镇叶村，又称『叙伦堂』，明初始建，明末改建。坐北朝南，外坦面阔18.6米，进深11米。三进五开间二明堂砖木结构建筑。通面阔18.6米，通进深48米。门楼为『五凤楼』式，楼檐下饰斗拱，四只翘角下置木雕力士，较为罕见。上悬清同治状元洪钧所立的『状元及第』匾及『钦赐奉宸苑卿』匾。2012年被列为安徽省重点文物保护单位。

洪氏宗祠

位于歙县三阳镇中村，又称『世德堂』，始建于明代，清代重修。坐北朝南，三进五开间，后进已拆改。通面阔13.5米，通进深25.76米，占地面积347.8平方米。门楼砖砌，四柱三间五楼。中进大厅为明式风格，有覆盆础、丁头拱、莲花斗。2006年被列为歙县重点文物保护单位。

胡祠文昌阁

位于绩溪县华阳镇北门外县委党校内，建于清代中期。文昌阁原是金紫胡氏宗祠的一个组成部分。坐西朝东，面阔、进深各三间，占地面积88平方米。在原胡氏宗祠的门楼处保存了1对石雕狻猊，面目狰狞，形态威武，原庭院内的8块石雕栏板均用回纹饰边，图案有松鹤延年、凤凰对歌、喜鹊闹梅、母鸡哺雏等内容，形象丰富，栩栩如生。1986年被列为绩溪县重点文物保护单位。

胡家祠堂

位于徽州区呈坎镇灵山村上村自然村，建于清代。坐东朝西，建筑面积61.7平方米。三间五架，施月梁，童柱，云头拱成象鼻式，梁柱雕如意云纹。后寝设佛龛，外隔扇门，屋面无望砖，檐口施斜撑。

胡氏祠堂

位于歙县北岸镇佛川村，建于清代中叶。坐西朝东，三进二天井。通面阔 13.15 米，通进深 30 米，占地面积 394.5 平方米。门廊五凤楼式，但翼角不起翘。木构都用黄漆髹饰，比较少见。

胡氏祠堂

位于祁门县小路口镇双莲村车田组，建于清代。坐西朝东，四进三开间前中后三天井。通面阔 10.3 米，通进深 41 米，占地面积 422 平方米。寝堂二进阶梯式，享堂照壁已失，无抱鼓石，无斜撑。

胡氏家祠

位于黟县西递镇西递村株林一组，建于清末。坐西朝东，通面阔9.46米，通进深9.62米，占地面积91平方米。一进三开间带厢房砖木结构二层建筑。照壁后上楼，前廊部有腰檐及卷棚轩天棚。木构架承重，小青瓦屋面。

胡氏香火堂

位于黄山区仙源镇龙山村大北门，建于清代。占地面积70平方米，高约5米。二进一开间。木架结构穿斗式，斜方格纹水门汀地面，地沟式天井，白灰砖墙，天棚望砖。

胡氏支祠

位于歙县北岸镇金竹村，建于清代。坐北朝南，二进三开间。通面阔 11.5 米，通进深 14.55 米，占地面积 167.33 平方米。后进为二层建筑，内有部分木雕，前进为店铺。

胡氏众厅

位于屯溪区新潭镇长林村，建于明万历二十年（1592）。占地面积 306.17 平方米。二进五开间砖木结构厅堂式建筑。门厅一脊翻两堂，脊前双步梁上装雕龙叉手，上置轩顶。脊后双步小月梁，上置平盘斗承重柱，上置轩棚，脊中下为仪门，前后檐柱都承月梁，梁上承雕花平盘斗。大厅五间，中三间抬梁式结构，两梢间为穿斗式架构，双步梁上又设五架，上置轩棚，有望砖，轩棚下的枋上装饰的云拱很华丽，额袱上置雀巢斗拱。后五架梁用材宏大，柱梁接卯处饰丁字拱。2008 年被列为屯溪区重点文物保护单位。

胡氏宗祠

位于绩溪县瀛洲镇大坑村，建于清代后期。坐北朝南，占地面积430平方米。前、中、后三进，前进为门楼，后为庭院。享堂面阔五间，进深三间，设拱轩和『人』字轩。后为寝楼，面阔五间，进深三间，硬山式屋顶，外围封火墙，抬梁穿斗并用式梁架，三合土地坪。整栋建筑保存完整。

胡氏宗祠

位于祁门县安凌镇雷湖村，建于明崇祯年间。坐西南朝东北，三进五开间，由仪门、享堂、寝堂组成。通面阔20.6米，通进深48.4米，占地面积997平方米。仪门为『五凤楼』形式。内存碑刻一方。2000年被列为祁门县重点文物保护单位。

胡氏宗祠

位于绩溪县荆州乡上胡家村，建于清代中期。坐东北朝西南，建筑面积828平方米。三进五开间。因兄弟有5人，故该祠堂也称『五义堂』。抬梁式梁架，拱形轩顶，中进挂有『明经世家』『五义堂』匾额。后进为二层建筑。

胡氏宗祠

位于黟县柯村乡湖田村，建于清代。坐北朝南，通面阔16.9米，通进深32.9米，占地面积556平方米，建筑面积198平方米。共三进，前、后进为五开间，中进为三开间，后进为二层建筑。柱梁硕大，木雕构配件精致并完整，石柱磉雕刻精美，砖木结构梁架承重，三开砖空斗墙围护，中青瓦屋面，三合土地坪。

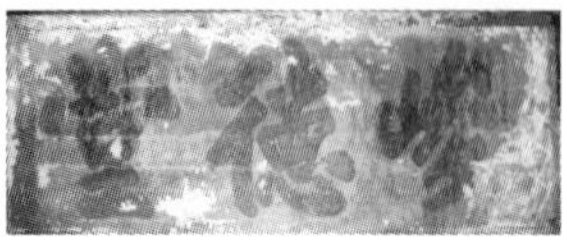

胡氏宗祠

位于绩溪县临溪镇湖里村，『红顶商人』胡雪岩的祖祠，建于清代中期。坐北朝南，占地面积815平方米。三进五开间。门楼为飞檐翘角，歇山式屋顶。中进前檐悬挂『胡氏家庙』匾额一块，后进前檐有石雕栏板8组。2000年被列为绩溪县重点文物保护单位。

胡氏宗祠

位于歙县北岸镇金竹村，建于清代。坐北朝南，三进三开间。通面阔9.55米，通进深25.4米，占地面积242.57平方米。正门上方有诸多木雕、砖雕，内有诸多木雕。

胡氏宗祠

位于绩溪县瀛洲镇龙川村，始建于宋代，明嘉靖年间重修，清光绪二十四年（1898）再度大修。坐北朝南偏东，总建筑面积1564平方米。三进七开间砖木结构建筑。由影壁、台明、门楼等九人部分组成，集徽派砖、木、石三雕及彩绘于一体，有『木雕艺术殿堂』之称。影壁、门楼、廊庑瓦顶瓦参遍布；享堂、寝楼、特祭祠部分构件残缺。1988年被列为全国重点文物保护单位。

胡氏宗祠

位于绩溪县伏岭镇祝三村，建于清代晚期。坐东朝西，占地面积318平方米。三进五开间前后天井。抬梁穿斗并用式梁架，前为歇山式五凤楼、拱轩顶，中进的前部分为拱轩顶，后部分为『人』字轩顶，后进为二层建筑。三合土地坪，外砌封火墙，祠堂内的斜撑、驼峰、平盘斗雕刻精美。

湖山祠堂

位于歙县霞坑镇湖山村上湖组，系吕氏宗祠，建于清代。坐西北朝东南，前进三开间，后进五开间。通面阔9.3米，通进深25米，占地面积230平方米。

怀德堂

位于祁门县历口镇湘东村邓家组，系邓氏宗祠，建于清末。坐南朝北，二进三开间砖木结构建筑。通面阔10米，通进深18.1米，占地面积181平方米。中设天井，无寝堂，有木雕狮子斜撑4只。

怀德堂

位于歙县深渡镇漳潭村，系张氏众厅，建于清代。坐东南朝西北，三进三开间二天井。占地面积462.5平方米。第三进后边地下埋有祖墓18座。其中有张氏始祖张秉之墓。

怀远堂

位于黄山区三口镇联中村新罗组，建于清代。二进三开间，占地面积107.365平方米，高约5米。木架结构穿斗式，中柱直接到顶，水门汀地面，平面式天井，板壁墙，天棚望砖，天井上檐有斜撑8个，西侧有木格门扇8个，堂前有『怀远堂』匾额1块、木质对联2副。

槐荫祠

位于歙县霞坑镇上干村，系王氏宗祠，建于清代。坐北朝南，三进五开间。通面阔15.48米，通进深36.98米。大门被改建，『八』字墙上有简易砖雕，天井两边有廊庑，雀替、斜撑、梁枪等构件有雕刻。

槐荫堂

位于歙县上丰乡溪源村里西坑自然村，系王氏宗祠，建于清代。坐东朝西，一进三开间。通面阔8.8米，通进深11.4米。祠前有坦，大门有简易门楼，大门斜置，门楼鳌鱼翘角，有葵花砖雕4块，惜被破坏。内有象鼻、木雕。

槐原堂

位于歙县三阳镇上坦村，系王氏支祠，建于清代。坐东朝西，二进三开间二层建筑。通面阔8.15米，通进深10.25米，占地面积83.5平方米。有『槐原堂』横匾一块，竖匾一对。大门有门楼，上书『王氏支祠』四字，门楼有砖雕。

黄家祠堂

位于休宁县万安镇古城岩明清建筑群内，建于清代。占地面积800平方米。坐东朝西，门屋石质立柱，雀替雕方龙，斜撑饰花卉，厅堂为回廊布局，柱础方鼓状，石质立柱，雀替雕草龙，平盘斗饰草龙。2004年作为休宁县古城岩明清建筑群的一部分被列为安徽省重点文物保护单位。

积庆堂

位于祁门县古溪乡古溪村河东组，系汪氏宗祠，建于清末。坐东北朝西南，二进三开间中天井。通面阔 10.3 米，通进深（含院）27.2 米，占地面积 280 平方米。一大门二边门，木门档，四来头，内部有木雕狮子斜撑（彩绘）4 只。

积庆堂

位于徽州区富溪乡长坞村集心组，系谢氏宗祠，建于清代。坐西朝东，建筑面积 203 平方米。二进三开间上下对堂二层建筑。前进居中开大门，后进前为拱轩，后铺楼层板，直枋。二层草架，上有云带斜撑。祠名匾置阁楼上。

积善堂

位于歙县上丰乡禹川村舍头自然村，系汪氏宗祠，建于明末清初。坐西北朝东南，三进五开间。通面阔 13.5 米，通进深 22.7 米。大门有砖雕垂花门罩，飞檐翘角。中进有楼，内有狮子滚球、天官、花草等木雕。

际昌公祠

位于绩溪县长安镇镇头村 13 号，建于清代晚期。坐北朝南，占地面积 185 平方米。上下对堂，中置天井，东西厢房。抬梁穿斗并用厅式梁架，用料硕大，做工讲究，木雕构件的斗拱、雀替、驼峰雕刻精致，大门的门楼砖雕雕刻精美，中间书有『际昌公祠』四字。

济美堂

位于歙县岔口镇井潭村田舍自然村，建于清代。坐西南朝东北，二进三开间。通面阔13.2米，通进深9.35米，占地面积123.4平方米。第二进有楼，大门有简易门楼，横梁和门有木雕。

继善堂

位于歙县上丰乡溪源村，系吴氏宗祠，建于清代。坐北朝南，三进三开间二层建筑。通面阔10.4米，通进深21米。大门有简易门楼，门楼上有葵花砖雕4朵。内有木雕蝙蝠、『寿』字和象鼻。

继善堂

位于祁门县渚口乡大北村滩下组，系倪氏宗祠，建于清代。坐北朝南，三进五开间前后天井。通面阔11.6米，通进深27.8米，占地面积322平方米。前有院，有旗杆石2块，祠门建有砖制牌坊式门罩，无抱鼓石，斗拱式斜撑，青石土质地面。

继善堂

位于徽州区潜口镇唐模村水街，建于清代。坐北朝南，建筑面积123.52平方米。大门朝西南，三开间五架加前檐双步砖木结构二层建筑。台明高1米，台明前为原后天井，青石铺砌，东西各有三级阶梯登寝殿。

继述堂

位于歙县昌溪乡万二村万二组，系永庆堂支下分祠，建于清道光年间。坐东朝西，二进三开间。通面阔8.3米，通进深10.5米，占地面积87.15平方米。门楼砖雕精美气派。梁柁、梁撑、石础等选料讲究。

继序堂

位于黄山区永丰乡永丰村东松岭组，系杜氏宗祠，建于清道光二十四年（1844）。共两进。建筑面积189.55平方米。进门处左右各立2块碑，记有《祀田兼义塾记》《继序堂乐输碑记》《继序堂碑记》《重修继序堂碑记》。望板卷棚，斜方格纹水门汀地面。2014年被列为黄山区重点文物保护单位。

继源堂

位于祁门县渚口乡水村樵潭组村口，系陈氏宗祠，建于清代。坐西朝东，二进三开间，现仅存享堂。通面阔11米，通进深11.7米，占地面积128平方米。享堂后壁设有祖先灵位牌，木雕狮子、抱鼓石已失。

建本堂

位于祁门县渚口乡伊坑村伊村组，系倪氏宗祠，建于清代。坐北朝南，三进五开间。通面阔12.6米，通进深34.3米，占地面积（含曹门）612平方米。1995年曾维修。2017年被列为黄山市重点文物保护单位。

建邑堂

位于祁门县历口镇武陵村，系吴氏宗祠，建于清代中后期。坐北朝南，三进五开间前后天井砖木结构建筑。通面阔13米，通进深28.4米，占地面积369平方米。祠门为二柱三楼牌坊式，门边有小青抱鼓石1对。存禁乞丐碑1方。

江家祠堂

位于歙县新溪口乡育林村四组，建于清代。坐西朝东，三进三开间。通面阔9.4米，通进深25.7米，占地面积241.6平方米。有石雕和木雕。

江家祠堂

原位于徽州区岩寺镇永兴村，2011年迁入岩寺新四军军部旧址纪念馆，建于清末。坐北朝南，占地面积350平方米。原有三进，现门廊已封改，中进已毁，后进梁架基本保存。抬梁式构架，前有拱轩，施蜀柱，平盘斗。1938年新四军在岩寺镇集中整编时，修械所即设置在该祠堂内。新四军军部旧址之一。2013年作为岩寺新四军军部旧址的组成部分被列为全国重点文物保护单位。

江氏祠堂

位于黟县碧阳镇郭门社区，建于清代。坐东朝西，开间11.25米，进深27.55米，占地面积309.9平方米。三进三开间二天井砖木结构二层建筑（属搬迁祠堂）。大门朝西，左厢通偏屋，右厢通偏屋。大门前有4根石柱，两边有『八』字墙，大门两侧有1对抱鼓石，重檐翘角，原制构件木构架和木配件保存较好。

江氏宗祠

位于歙县森村乡皋径村，建于清代末期，2009年由民间集资重修。坐西南朝东北，通面阔10.5米，通进深18.2米，占地面积191.1平方米。三进中天井。月梁、雀替、梁撑、驼峰基本保存完整，天井四周青石铺面。

江氏宗祠

位于婺源县段莘乡东山村西部，建于清同治年间。坐西北朝东南，三进院落，由门屋、享堂和寝室组成。占地面积1000平方米。2005年被列为婺源县重点文物保护单位。

姜氏宗祠

位于歙县徽城镇大梅口村，建于清代。坐北朝南，二进三开间一天井。通面阔10.2米，通进深12.1米，占地面积123.42平方米。大门有简易门楼，门楼上书『姜氏宗祠』四字。

焦家祠堂

位于歙县新溪口乡太平村，建于清代。坐东朝西，二进三开间。通面阔10米，通进深12.7米，占地面积127平方米。大门有门楼，门楼有简易砖雕，内部有石雕和木雕。

节孝祠

位于歙县徽城镇上路街，建于清代后期。二进二层建筑。街东为节烈祠，俗称『节祠』，街西为孝祠。孝祠占地面积404.5平方米。门坊宽约7米，高约6米，梁枋砖雕精美。其上嵌记名碑9方，旌表清顺治、乾隆朝的孝子。在节祠门前院内，有大碑4块，上刻清代节女姓名，中有庭院，大堂高敞，阶前有石栏。1988年被列为歙县重点文物保护单位。

金川祠堂

位于歙县徽城镇紫阳村，建于清代。坐南朝北，三进三开间带天井砖木结构建筑。通面阔8.05米，通进深20.6米，占地面积165.8平方米。后进为二层建筑。天井狭长。大门有门楼。

金氏宗祠

位于歙县徽城镇紫阳村金家滩自然村，建于清代。三进五开间，后进有楼。通面阔9米，通进深36米，占地面积324平方米。有砖砌门坊，双柱单间三楼，中辟红砂岩石门檐。中进梁用材宏大，有月梁、雀替，高瓴花脊，鳌鱼腾尾。

金紫祠

位于徽州区潜口镇潜口村南首，始建于明正德九年(1514)，清康熙年间大修。坐北朝南，通面阔35.7米，通进深196米，占地面积近7000平方米。由牌坊、三源桥、戟门、碑亭、露台、驰道、回廊、享堂、寝殿组成。2012年对其进行全面修缮，依次恢复了三元桥、仪阖、棂门、汪公庙等残址建筑，对损毁的享堂遗址进行保护，建设金紫祠广场。2004年被列为安徽省重点文物保护单位。

进士第

位于休宁县商山镇黄村，建于明代。坐南朝北，占地面积790平方米。存门楼、门屋、享堂、寝楼四进。大门之上、门楼之下悬挂『乡圣』竖匾，正中嵌『进士第』木匾。每进庭院两侧均有侧廊相连，前后4道天井，第二、三、四道天井两侧均有门出入，内部各处木构架遍施木雕。2013年被列为全国重点文物保护单位。

经义堂

位于婺源县大鄣山乡黄村，系黄氏宗祠，又名『百柱宗祠』，建于清康熙年间。祠堂为砖木结构，由庭院、门楼、正堂、后堂、后寝组成。占地面积1200平方米。前进为九脊顶，『五凤楼』式门楼。正堂中央悬挂有清代文华殿大学士张玉书所题『经义堂』匾额，遒劲有力。大梁上木雕精美，有『鳌鱼吐云』『龙凤呈祥』等，4个石础深刻『鹭鸶戏莲』『凤戏牡丹』『仙鹤登云』『喜鹊含梅』纹饰。2013年被列为全国重点文物保护单位。

景圣堂

位于黟县宏村镇星光村岭下朱组，系朱氏宗祠，建于清代。坐北朝南，通面阔8米，通进深14.65米，占地面积117.2平方米。二进三开间中天井砖木结构建筑。大木构架承重，三开砖空斗墙围护，中青瓦屋面，木构架保存较完整。

敬爱堂

位于绩溪县伏岭镇湖村株树下19号，建于清代晚期。坐西北朝东南，占地面积201.5平方米。硬山式屋顶，外围封火墙，三合土地坪。现存中进的回廊、天井及后进，抬梁穿斗并用式梁架。梁架和基础较好。

敬爱堂

位于黟县西递村中心，原为壬派胡氏十四世祖仕亨公住宅，建于明万历年间，后毁于火，明末重建，清初落成，后扩建始为祖祠。坐东朝西，通面阔27米，通进深65米，占地面积1755平方米，总建筑面积1817平方米。结构粗犷古朴，宏伟壮观。2001年被列为全国重点文物保护单位。

敬本堂

位于歙县三阳镇叶村，又名『世光第』，始建于明嘉靖三十三年(1554)。坐北朝南，三进五开间二天井。通面阔18米，通进深30米，占地面积540平方米。结构完美，保存良好。门坊砖砌，四柱三间五楼，额枋有『恩宠』『世光第』等大字，旁刻『嘉靖三十三年建』。全堂油漆，轩棚结构精美，装饰华丽。堂内保存数十件匾额、楹联。2013年被列为全国重点文物保护单位。

敬德堂分祠

位于歙县霞坑镇里方村，系鲤山胡氏大奉族下敬德堂分祠，建于清代。坐西北朝东南，三进三开间二层建筑。通面阔 9.3 米，通进深 19.1 米，占地面积 170 平方米。大门有砖雕门罩，部分砖雕被破坏。

敬典堂

位于祁门县历口镇彭龙村，原系叶氏宗祠，建造于明代中期。叶氏迁出后为汪氏所管理。坐北朝南，三进五开间砖木结构建筑。前面是『科贡第牌坊』，后面是圆洞门，经此门可达汪氏宗祠。现存建筑通面阔 9 米，通进深 28.4 米，占地面积 256 平方米。

敬敷堂

位于祁门县箬坑乡伦坑村，系汪氏支祠，始建于明万历年间，清代重修。坐北朝南，三进五开间，由仪门、享堂、寝堂三部分组成。通面阔14.3米，通进深47.4米，占地面积678平方米。2012年被列为黄山市重点文物保护单位。

敬供厅

位于黄山区新丰乡盛洪村东部10组，建于清代。大门向南，占地面积105.78平方米，高约6.3米。木架结构穿斗式，斜方格纹水门汀地面，西侧回廊，无角墙，天棚望板，前进为望板。

敬义堂

位于祁门县箬坑乡金山村(邬家),系邬氏宗祠,建于清代。坐北朝南,三进三开间前后天井砖木结构建筑。通面阔9.2米,通进深18.1米,占地面积166.5平方米。门楼为牌坊式建筑,砖铺地面,布局紧凑,无精雕细作,厢房中保存有匾额5块。

聚灵堂

位于歙县岔口镇庙前村,建于明末清初。坐东朝西,三进三天井。通面阔11.5米,通进深38.5米,占地面积442.75平方米。第一进和第三进均为二层建筑。内有方柱6根,圆柱16根,木质柱,横梁上、门上均有木雕,后进有石鼓、石栏杆。

聚庆堂

位于祁门县闪里镇叶家村程村组，系陈氏宗祠，建于清代。坐北朝南偏西，三进三开间前后天井砖木结构建筑。通面阔11米，通进深（不含院子）38米，占地面积418平方米。寝堂分前后堂，现存木雕狮子2对，原有戏台已失。

聚庆堂

位于祁门县芦溪乡芦溪村樟村组33号，系郑氏宗祠，建于清代。坐南朝北，三进五开间砖木结构建筑。通面阔13.6米，通进深52米，占地面积707平方米。院门牌坊式门楼已毁。2003年村人集资重修。

聚义堂

位于祁门县芦溪乡查湾村中港组，系江氏宗祠，建于清代。坐北朝南，三进三开间。通面阔8.2米，通进深31米，占地面积254平方米。门前有青石抱鼓石1对，祠内木雕斜撑等构件保存尚好。

康氏宗祠

位于祁门县芦溪乡奇口村礼屋组，建于清末。坐北朝南，三开间砖木结构建筑。现仅存前进门楼部分，中后进已改建成仓库。前进通面阔11米，通进深5.4米，占地面积59平方米。

柯氏祠堂

位于黟县柯村乡柯村，建于清代。坐南朝北，通面阔5.45米，通进深13.45米，占地面积73.3平方米。一进统间砖木结构建筑。梁架承重，三开砖空斗墙围护，中青瓦屋面，三合土地坪。大门为木质挑檐月梁，门楼式，设鹅颈轩，月梁雕刻精致。

孔庙明伦堂

位于歙县徽城镇城东街歙县中学内，又称『县学』或『学宫』，初建于南宋淳祐年间，后屡经修建。现仍存科名坊、方泮池和明伦堂以及成德斋、达材斋、丹墀、甬道等。堂建于清代，二进五开间，通面阔15米，通进深17.35米，占地面积1020平方米。1981年被列为歙县重点文物保护单位。

奎光堂

位于黟县碧阳镇南屏村，系叶氏支祠，建于明弘治年间。坐东朝西，通面阔17.7米，通进深46.95米，占地面积831平方米。三进五开间。由86根白果木柱支撑，采用中轴线对称的建筑手法，布局匀称严谨，宏伟壮观，用料硕大。2006年被列为全国重点文物保护单位。

乐善堂

位于歙县岔口镇文山村，建于清代。坐北朝南，通面阔7.7米，通进深12米，占地面积92.4平方米。二层建筑。木雕已损坏，有『乐善堂』牌匾一块。

乐叙堂

位于黟县宏村镇宏村，系汪氏宗祠，建于明代。坐北朝南，主体通面阔15.8米，通进深7.4米，占地面积74平方米。坐落于月沼北畔正中，首进门楼及中进门楼基本保持原貌，月梁、莲托雕刻甚为精美。2001年被列为全国重点文物保护单位。

李氏祠堂

位于歙县街口镇前山村，建于清代。一进三开间二层建筑。通面阔8.65米，通进深6.35米，占地面积70平方米。雕刻精细，主体木质框架，有14根柱。

李氏香火堂

位于黄山区耿城镇金桥村红星组，建于清代。一进三开间。占地面积150.535平方米，高约6米。木架结构穿斗式，有偷柱，水门汀地面，开放式大天井，瓜棱式柱础，板壁墙，有阁楼。

李氏支祠

位于歙县深渡镇漳岭山村外部，建于清末。坐东朝西，三进三开间二天井砖木结构建筑，后进为二层建筑。通面阔8.8米，通进深27.5米，占地面积242平方米。内设木雕梁柁。天井两侧都设有两水过道。

李氏支祠

位于歙县金川乡查坑村长岭脚自然村，建于清末。坐东朝西，二进三开间一天井。通面阔6.92米，通进深9.87米，占地面积68.3平方米。有砖雕门楼。

李氏宗祠

位于歙县金川乡金川村，建于清初。坐西朝东，三进二明堂。通面阔8.23米，通进深20.29米，占地面积166.5平方米。门屋及两廊檐枋下有丁头拱（拱眼雕花），堂悬『德茂堂』匾额。

李氏宗祠

位于休宁县鹤城乡梅溪村横楼下组，建于清代。占地面积172.36平方米。三开间。现存门屋，柱础呈圆鼓状，建有供人休憩的长木凳，地面铺青石板。

李氏宗祠

位于黟县柯村乡东坑村，建于清代。坐北朝南，通面阔9米，通进深33.55米，占地面积302平方米，建筑面积210平方米。四进三开间带门屋三天井。两山墙，为园脊屏风，高低有序。2016年被列为黟县重点文物保护单位。

里新屋

位于歙县霞坑镇湖山村上湖组，建于清代。坐西北朝东南，二进三开间二层建筑。通面阔9.3米，通进深13.6米，占地面积125平方米。大门有砖雕门罩，内部梁柁、雀替等构件有雕刻。

理和堂

位于歙县昌溪乡红心村太湖祠旁，始建于清嘉庆年间，民国初期重修。坐东北朝西南，二进三开间。建筑面积172.5平方米。天井和明堂已失。后进稍高于前进，有少量木雕，梁柁和梁撑等有少许雕刻。

立本堂

位于歙县霞坑镇和溪村，系方氏宗祠，建于清代。坐北朝南，三进五开间。通面阔12米，通进深27.98米。前进已修，中进原已拆除，现已维修，后进尚好。梁柁、雀替等构件有雕刻。

凌氏家祠

位于歙县岔口镇周家村，建于清代。坐东南朝西北，二进三开间。通面阔8.75米，通进深15.15米。横梁和门上雕刻已失，结构简单，但较为完整。

罗东舒祠

位于徽州区呈坎镇呈坎村北首，始建于明嘉靖年间，万历年间扩建。坐西朝东，内面宽26.5～29.6米，长79米，建筑面积3300余平方米。北侧有厨房、杂院，南侧有女祠。分前、中、后三进，五层山墙，层层升高，气势宏伟。祠堂按文庙格局兴建。有棂星门、左右碑亭、仪门、两庑、甬道、左右丹墀、两厢、露台(拜台)，加上精刻的青石栏板及后寝11开间等。1996年被列为全国重点文物保护单位。

罗家祠堂

位于歙县金川乡合丰村外东山自然村，始建于清末。三进三开间二明堂砖木结构建筑。通面阔9.7米，通进深20.3米，占地面积196.91平方米，高8米。正大门左边有耳门，后进右边有耳门，全堂有50根梁柱。

罗氏家庙

位于徽州区呈坎镇呈坎村钟英街，建于清代。坐东朝西，建筑面积80.04平方米。上堂靠钟英街，已拆改为新居，小殿抬梁式构架，施月梁、雀替、梁柁。屋面施望砖，北边间后封砌砖墙。中间场院，南墙外开边门出入。

罗氏支祠

位于歙县金川乡合丰村外坞自然村，建于清代。坐北朝南，二进三开间。通面阔8.8米，通进深11.8米，占地面积105平方米。砖雕门罩保存完整。

罗氏众屋

位于歙县金川乡合丰村里东山自然村，建于清代。坐东朝西，二进三开间。通面阔8米，通进深10.85米，占地面积86.8平方米。内有精美木雕。梁柁、梁撑、木狮保存基本完整。

吕氏支祠

位于歙县金川乡查坑村，建于清末。坐西朝东，三进二天井。通面阔8.95米，通进深21.05米，占地面积188.4平方米。部分木雕『文革』时被破坏。

吕氏宗祠

位于歙县金川乡中源村，建于清代。坐东朝西，二进一明堂。通面阔9.6米，通进深15.45米，占地面积312平方米。天井两侧有廊，上堂为统间，木雕精美。

梅氏宗祠

位于歙县上丰乡霞江村里鲍自然村，建于清代。坐北朝南，三进三开间。通面阔10.9米，通进深23.6米。大门有四柱三间式砖门楼，门楼有砖雕葵花、蝙蝠，图案精美，部分砖雕被破坏。祠内有花草等木雕。

敏政堂

位于歙县上丰乡上丰村，建于清代。坐东朝西，三进三开间。通面阔11米，通进深26米，占地面积286平方米。『八』字墙，门楼有龙和『八仙』砖雕，享堂的祖宗牌位仍保存完好。

名世祠

位于徽州区呈坎镇灵山村，始建于明弘治年间，清同治年间重建。坐东北朝西南，建筑面积382.5平方米。三进三开间厅堂。大门罩保存了明代的原始结构。门厅五间一披水，大堂三间，木架结构抬梁式，前沿双步梁上有轩棚，覆望砖。原大厅上悬『名世堂』匾，后天井窄长。2012年作为灵山村古建筑群的组成部分被列为安徽省重点文物保护单位。

明德堂

位于歙县杞梓里镇长川村，建于清同治年间。坐东朝西，三进二天井。通面阔8.6米，通进深12.7米，占地面积110平方米。砖木结构二层建筑。青石门框，砖雕门楼，依山而建。左右边门相通。

明经世家

位于歙县北岸镇高山槐棠村上高山组，系胡氏宗祠，建于清代中叶。坐北朝南，三进五开间。通面阔12.7米，通进深27.13米，占地面积344.55平方米。门楼为四柱三楼式砖门罩，书有『明经世家』四字。中进享堂内正厅上有『余庆堂』匾额。

明经世家

位于歙县深渡镇安济村安溪组中部，建于清代。坐北朝南，三进三开间二天井。通面阔12.1米，通进深32.4米，占地面积392平方米。后进为二层建筑。梁柁大多有木雕，保存较好。前进入口处设一正门、两边门。

明经世家祠堂

位于休宁县汪村镇杨源村杨村组，建于清代。坐西朝东，占地面积184.27平方米。存门屋、大厅、享堂。大厅柱础莲花状，大梁粗大，山墙书『祠堂管理条约』『捐款助工名单』以及『礼义廉耻』『孝悌忠信』字样，上方悬挂『明经世家』匾额，享堂结构简单。

铭德堂

位于徽州区潜口镇唐模村水街，建于清代。坐北朝南，建筑面积350.91平方米。三进三开间带天井，前进为二层建筑。青石板墁地，明间为厅，两次间为房，前为天井，东西庑都开大门。门厅楼全部皮门装修，坎为格子扇，屋面有望砖。

木子堂

位于绩溪县伏岭镇湖村，建于清代中后期。占地面积122.5平方米。上下对堂，中置天井，下堂为『人』字顶，上堂为二层建筑。撑拱承挑出檐，外砌封火墙，三合土地坪，抬梁穿斗并用式梁架，大门内有木质影壁。

潘家祠堂

位于歙县三阳镇浩川村，建于清末。坐北朝南，三进三开间二明堂。通面阔10.2米，通进深30.7米，占地面积313平方米。有木雕。

潘家支祠

位于歙县三阳镇珠川村，建于清代。坐西南朝东北，三进三开间。通面阔8.3米，通进深20.35米，占地面积168.9平方米。

潘氏祠堂

位于歙县三阳镇岭脚村，建于清代。坐西南朝东北，三进三开间，现仅存后进。通面阔12.1米，通进深9.35米，占地面积113平方米。

潘氏支祠

位于歙县金川乡水塘村，建于清光绪十年(1884)。坐西朝东，三进三开间二明堂砖木结构建筑。通面阔8.9米，通进深23.4米，占地面积208.3平方米。内外砖、木雕刻在『文革』期间部分受损。

潘氏宗祠

位于歙县金川乡柏川村，建于清代。坐东南朝西北，二进三开间二天井。通面阔9.9米，通进深20.2米，占地面积199.98平方米。祠前有坦，下堂两边有厢房，用镂花格子装隔，上堂为统间，面柱有狮、镂花等木雕装饰。

潘氏宗祠

位于歙县霞坑镇和溪村，系潘氏宗祠，建于清代。坐西南朝东北，现存二进三开间。通面阔10.78米，通进深20.98米。前进门面人民公社时期砌墙封护，中进保存原来结构，曾作炒茶场，后进于20世纪60年代拆除。

潘氏宗祠

位于歙县北岸镇大阜村，建于清同治十三年（1874）。三进五开间，后进为二层建筑。通面阔18.8米，通进深42.6米，占地面积801平方米。门厅为『五凤楼』式，『八』字墙上饰精美砖、石雕，中进雀替、平盘斗等处雕有姿态各异的骏马，俗称『百马图』。1998年被列为安徽省重点文物保护单位。

潘氏宗祠

位于歙县金川乡长春村，建于清代。坐南朝北，二进三开间二明堂。通面阔9.55米，通进深22.8米，厨房占地面积4.4平方米，总占地面积250.34平方米。上、下堂皆为统间，分别有大梁和木雕。

培元堂

位于祁门县祁山镇六都村中杨组，系程氏宗祠，建于清代。坐北朝南，二进五开间砖木结构建筑。通面阔13.3米，通进深21.7米，占地面积289平方米。门前红岩石质抱鼓石1对，中天井采光通风，祠内木雕精致，保存较好。

朴斋公祠

位于绩溪县伏岭镇伏下村266号右侧，系邵氏支祠，建于清代中期。坐北朝南，占地面积188平方米。用料简单，后进上首悬挂一块『齿清兼隆』匾额。整幢建筑保存完整，梁架和基础较好。

七哲祠

位于黟县西递镇西递村村口，系胡贯三后代胡积成为奉祀宋元时期明经胡氏七位经学名家所建，建于清代。建筑面积205.2平方米。包括走马楼、凌云阁等建筑，内有云峰先生碑刻，过去还有清代书法家王文治所书的『玉楼十二』。

起俊堂

位于祁门县历口镇彭龙村，系汪氏支祠，建于清代。坐北朝南，二进五开间中天井砖木结构建筑。通面阔11米，通进深15.7米，占地面积173平方米。享堂后壁设祖先牌位。

迁移堂

位于黄山区永丰乡永丰村新民组，建于清代中晚期。占地面积666平方米，高6.4米。二进五开间，左右各有一倚屋，均为一进，均有一平铺式天井，正房三天井，平铺式，斜方格纹水门汀地面，板壁墙，圆柱方梁，天棚望砖。

钱家祠堂

位于歙县璜田乡胡埠口村树德组，建于清代。三进三开间二天井，后进为二层建筑。通面阔10米，通进深24米，占地面积240平方米。享堂红漆髹饰，其雀替、梁柁、斜撑等处都雕有戏曲故事，并饰彩绘。

清懿堂

位于歙县郑村镇棠樾村，俗称『女祠』，专门供奉鲍氏族内女性牌位，建于清嘉庆初年。坐北朝南，共三进。通面阔16.52米，通进深47.98米，占地面积818平方米。门厅分心式，前后为卷棚轩顶，大门外有抱鼓石一对，上置门簪，两侧『八』字墙上砖雕极为精美。祠堂木材为银杏木，用材硕大，冬瓜梁、雀替、象鼻、撑拱、平盘斗等构件雕刻工艺精湛。内檐柱、栏板均为茶园青石质，天井墁铺石板，堂地面铺设大方砖。1996年被列为全国重点文物保护单位。

庆德堂

位于歙县霞坑镇里方村，系胡氏宗祠，建于清代中期。坐西北朝东南，三进三开间。通面阔10米，通进深23米，占地面积230平方米。中进有梁柁、斜撑等雕刻构件，斜撑为雕狮，两边有廊。整个建筑宏伟壮观，工艺精巧。

庆功厅

位于歙县霞坑镇里方村，系钱氏宗祠，建于清代。坐西北朝东南，三进三开间。通面阔13米，通进深31.2米，占地面积405平方米。天井两边有廊庑，月梁为方形断面，雀替、梁柁、斜撑等构件有雕刻。2006年被列为歙县重点文物保护单位。

庆善堂

位于歙县霞坑镇联丰村士峰组，建于清代。坐北朝南，二进三开间。通面阔9米，通进深13.9米，占地面积109平方米。大门有砖雕门罩，后进照壁上挂有『庆善堂』匾额，青石板铺地。

庆余堂

位于祁门县箬坑乡栗木村，系王氏支祠，建于清代。坐北朝南，三进三开间砖木结构建筑。通面阔13.6米，通进深（含院落）27.7米，占地面积377.7平方米。前有院落，后进寝堂已塌，现仅存两进，祠内雕刻甚少，匾额保存5块，清光绪年间族人曾修缮。

庆余堂祠堂

位于歙县深渡镇昌中村外河组，建于清代。坐东朝西，通面阔8.6米，通进深11.4米，占地面积98.04平方米。上下对堂中天井。内有木雕梁柁。

仁本堂

位于歙县三阳镇三阳村，建于清代。坐北朝南，二进三开间二层建筑。通面阔8.25米，通进深13.55米。大门有垂花门楼，砖雕较精致。正屋底层通间为堂，内部梁柱粗硕，梁柁等构件有雕刻。

仁本堂

位于祁门县古溪乡古溪村庙上组路边，系汪氏宗祠，建于清代。坐北朝南，二进三开间中天井。通面阔10米，通进深15.8米，占地面积158平方米。前墙经改建，抱鼓石仍存但不在本位，整体建筑体量较小。

仁祠

位于歙县许村镇许村金村自然村，建于明代。坐西朝东，三进三开间。通面阔9.9米，通进深26.6米，占地面积263平方米。内部斜撑等构件有雕刻，中进斜撑为木雕狮子。

仁公祠

位于黟县宏村镇龙江村下轴组，系何氏支祠，建于清代。坐北朝南，通面阔16.5米，通进深40.2米，占地面积663.3平方米。三进五开间二天井带门廊砖木结构二层建筑。内部结构宏伟，木柱、月梁硕大，气势壮观。大木构架承重，木构配件、梁袱、雀替、斜撑等雕刻精美，石磉及须弥座等石作制作精致。2012年被列为安徽省重点文物保护单位。

仁让堂

位于祁门县小路口镇大丰村方村组，系方氏宗祠，建于清代。坐北朝南，二进三开间。通面阔8米，通进深11.8米，占地面积94平方米。现存建筑前进门楼部分保存较好，享堂部分倒塌，2000年族人集资修缮。

仁寿堂

位于黟县洪星乡同川村奕村组，建于明末。坐东南朝西北，通面阔17.35米，通进深23.5米，占地面积418.9平方米。二进带门屋，后进三间，前进及门屋五间。梭柱圆梁，木构硕大，内构雕刻精致，造型栩栩如生。木构架完整，构配件较好，檐口铺作斗拱保存较好。2017年被列为黄山市重点文物保护单位。

三霱堂

位于黄山区甘棠镇十字畈村河边组，建于清代中晚期。占地面积122.61平方米。二进三开间。木架结构穿斗式，水门汀地面，有网格纹，墙面刷白灰，屋顶有望板（木质），天井处有斜撑8个，梁柱间有梁袱6个，保存完好。

三槐堂

位于休宁县海阳镇溪头村，又称『王家大厅』，为明万历二十五年（1597）丁酉科乡举王经天故宅。现存两进，砖木结构建筑。占地面积900余平方米。门屋、享堂均采用叠梁式，边贴为穿斗式。木柱182根，主柱粗1.4米。雕刻精美，雀替、平盘斗雕饰花卉图案。柱础多为圆鼓状。前、中两进之间有大天井，两侧配厅又各有小天井。大门前有四柱三开间门廊，门廊两侧由垣墙相连。2006年被列为全国重点文物保护单位。

三槐堂

位于婺源县赋春镇严田村王村自然村，系王氏宗祠，建于清代。三进三开间。占地面积500平方米。由砖砌『八』字大门、享堂、寝室组成。大门门楼呈『五凤楼』式。

三甲祠

位于黄山区甘棠镇（老街粮站院内），建于明代。七开间。前后两进被拆除。现存中进明堂。占地面积742.75平方米，高6.9米。明堂东侧有一偏房。木架结构穿斗式，水门汀地面，中无隔墙，天棚望砖，斗拱、斜撑、梁枋精美。2017年被列为黄山市重点文物保护单位。

三余堂

位于休宁县海阳镇溪头村三槐堂西南方30米处，建于清代。坐北朝南，大门开在中央，占地面积900平方米。共两进，第一进门屋，第二进三开间。大梁为冬瓜形，柱头有雕花，雀替饰草龙图案，斜撑雕倒挂狮。木隔扇窗饰线纹，裙板雕刻花草。柱础方形。

三组祠堂

位于歙县北岸镇白杨村上祈汪自然村，建于清代。坐西朝东，二进三开间。通面阔10.45米，通进深12.9米，占地面积134.81平方米。无砖、木雕。

杉公祠

位于绩溪县伏岭镇伏下村280号西侧，系邵氏下门另一支祠，建于清代晚期。坐北朝南，占地面积172平方米。上下对堂，中间天井，抬梁穿斗并用式梁架，三合土地坪，外围封火墙，用料简单。

善公祠

位于祁门县祁山镇六都村靠山侧，系程氏支祠，建于清末。坐北朝南，二进五开间砖木结构建筑。通面阔13.2米，通进深28.4米，占地面积375平方米。前设天井采光通风，祠内斜撑木雕保存尚好。曾设为善和学校。

善庆堂

位于歙县霞坑镇石潭村120号，系吴氏支祠，建于清代。坐北朝南，三进三开间二层建筑。通面阔9.95米，通进深18米，占地面积180平方米。大门有二柱单间砖门罩，厅堂宽敞，梁柱粗大，梁柁、斜撑等木构件有雕刻。

上方祠堂

位于歙县新溪口乡太平村，建于清代。坐北朝南，三进三开间。通面阔9.5米，通进深18.4米，占地面积174.8平方米。大门有门楼，内部有象鼻、雀替、斜撑、梁柁等构件，有雕刻。

上门祠堂

位于歙县许村镇前村东山自然村，建于清代。坐东朝西，二进三开间带天井。通面阔7米，通进深21.1米，占地面积约147.7平方米。

上门祠堂

位于歙县许村镇塔山村塔山自然村，建于清代。坐东朝西，二进三开间。通面阔9.2米，通进深16.3米，占地面积149.96平方米。原有天井，现已盖上。

上义堂

位于祁门县箬坑乡红旗村外中组，系方氏宗祠，建于清代。坐北朝南，二进三开间中天井砖木结构建筑。通面阔 7.8 米，通进深 17.3 米，占地面积 135 平方米。无抱鼓石，享堂后壁设祖先牌位，祠内梁枨雕刻尚可，建筑体量较小。

尚义堂

位于祁门县历口镇湘东村汤家组，系汤氏宗祠，建于清末。坐西朝东，三进三开间砖木结构建筑。通面阔 11.7 米，通进深 32.3 米，占地面积 378 平方米。祠门前设有青石抱鼓一对，前后天井，门楼、享堂上饰有斗拱式斜撑，寝堂设有祖先牌位。

尚义堂

位于徽州区潜口镇唐模村水街，建于清代。坐北朝南，建筑面积727.72平方米。三进五开间厅堂式砖木结构建筑。大门有明代的门楼，门内为五间门厅，大方砖铺地。前有天井，后进厅堂抬梁式五架梁加前后双步。

尚友堂

位于歙县杞梓里镇舒家岸村，建于清道光年间。坐东北朝西南，二进三开间。通面阔9.7米，通进深14.7米，占地面积142.59平方米。门罩为二柱单间式，砖雕简洁，中为石质门框。正堂三间为敞厅，额枋为冬瓜梁，雀替等构件有雕刻，红漆髹饰。

邵氏宗祠

位于绩溪县伏岭镇伏下村，建于清代早期。坐北朝南，占地面积298平方米。仅存中、后进。中进为『人』字轩顶，抬梁穿斗并用式梁架，三合土地坪。后进的天花板上有艳丽的彩绘。

绍德堂

位于祁门县箬坑乡下汪村，系汪氏宗祠，建于明代。坐西朝东，三进三开间砖木结构建筑。门口有院，前后天井，寝堂为二层建筑。通进深38.7米，通面阔20米，占地面积约1000平方米。规模较大。雕刻古朴，无精雕细作。祠内存春祀碑刻一块。2012年被列为黄山市重点文物保护单位。

绍政堂

位于祁门县历口镇彭龙村，系汪氏支祠，建于清代。坐北朝南，二进三开间中天井砖木结构建筑。通面阔10.5米，通进深14.2米，占地面积149平方米。前有小院，院门上题有『政公支祠』四字，大门为砖雕门楼，无寝堂，祠内有木雕。

沈氏宗祠

位于歙县许村镇塔山村里沈组，建于清代。坐北朝南，二进三开间带天井。通面阔9.75米，通进深15.9米，占地面积155平方米。大门上书『沈氏宗祠』四字。内部斜撑、雀替等构件有雕刻。

慎德堂

位于祁门县古溪乡古溪村中溪组路边，系廖氏宗祠，建于清代。坐东朝西，二进三开间中天井。通面阔9.5米，通进深17.9米，占地面积170平方米。木门档，无抱鼓石，体量较小，无精雕细作。

慎徽堂

位于祁门县闪里镇桃源村大经堂东北侧10米处，始建于明代，清末重建。为桃源陈氏支祠大经堂先祖神位祠，专门供奉先祖牌位及祭祀之用。坐北朝南，一进三开间带天井砖木结构建筑。无正门，东侧开边门。通面阔8.7米，通进深12.9米，建筑面积112平方米。2012年被列为安徽省重点文物保护单位。

慎思堂

位于黟县碧阳镇南屏村，系叶氏家祠，建于清代。坐东朝西，开间8.76米，进深12.15米，占地面积106.4平方米。三开间带庑廊前门屋中天井后正堂砖木结构建筑。门屋前有三合土浇筑柱四根，门屋脊缝前部正门两侧有一对抱鼓石。2006年被列为全国重点文物保护单位。

盛德堂

位于歙县岔口镇大坑源村益州组，建于清代。坐西北朝东南，三进三开间。通面阔9.35米，通进深16.1米，占地面积150.5平方米。二层建筑。木雕较好，三面与民居相邻，有『盛德堂』牌匾一块。

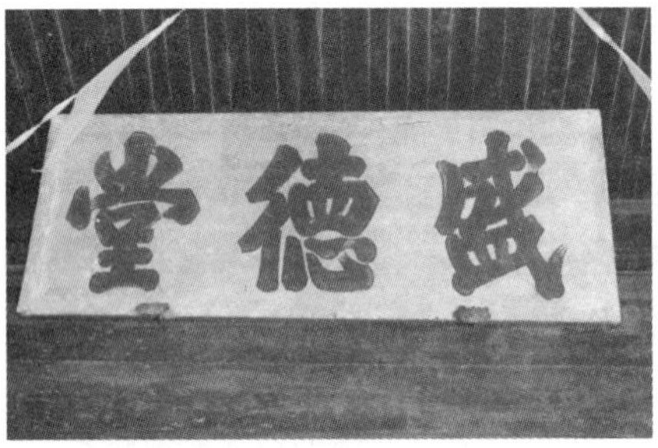

施政堂

位于歙县上丰乡上丰村，建于清代中叶。坐西朝东，三进五开间。通面阔20米，通进深50.4米，占地面积1008平方米。大门为五凤楼式，两侧有砖雕『八』字墙。中厅木构宏大，柱径约0.6米，前、后檐均做卷棚轩，中为『人』字轩顶。2017年被列为黄山市重点文物保护单位。

石狮祠堂

位于黟县碧阳镇碧山村碧东组，系汪氏宗祠，建于清代。坐西朝东，面阔14.2米，进深27.9米，占地面积396.2平方米。三进三开间二天井砖木结构建筑。小青瓦屋面，三开砖空斗墙围护，青条砖横铺就天井。2017年被列为黄山市重点文物保护单位。

士川祠堂

位于歙县霞坑镇霞坑村士川自然村，系吴氏宗祠，建于清代。坐西朝东，三进三开间。通面阔8米，通进深20.5米，占地面积164平方米。大门有门楼，砖雕垂花门，图案为花鸟和『卍』字。

世彩堂

位于祁门县古溪乡古溪村金竹组路边，系廖氏宗祠，建于清代。二进三开间中天井。通面阔10.5米，通进深20米，占地面积210平方米。木门档，四来头，祖宗牌位设于享堂后壁。

世德堂

位于歙县深渡镇定潭村，系张氏宗祠，建于清代。中进面阔19.9米，进深16.95米，占地面积347.8平方米。二十四柱五开间(四石柱、二十木柱)。建筑豪华，内有大量木雕梁柁等。

世德堂

位于休宁县汪村镇回源村沅里组，建于清代。坐东朝西，占地面积243平方米。存门屋、大厅、享堂。门屋梁枋雕人物、草龙、方格，挂落处饰宝瓶；大厅柱础灯笼状，大梁雕刻如意、鱼、凤，两侧饰凤凰，斜撑雕狮戏绣球、人物，雀替雕花卉；享堂大梁雕花卉。2012年被列为黄山市重点文物保护单位。

世德堂

位于祁门县凫峰乡余源村春光组，系方氏宗祠，建于清代。坐南朝北，三进三开间。通面阔9.1米，通进深25.5米，占地面积232平方米。门前有青石抱鼓一对，前后天井，享堂照壁已失，20世纪90年代中期大修。

世德堂

位于祁门县历口镇许村许一、许二组，系许氏宗祠，建于清代。坐北朝南，二进三开间砖木结构建筑。通面阔10.4米，通进深13.3米，占地面积138平方米。砖制门罩（已修改）无抱鼓石，祠内木雕保存较好，前设天井采光通风，祠内有匾。

世德堂

位于祁门县古溪乡古溪村周源组，系廖氏宗祠，建于清代。坐东南朝西北，一进三开间中天井。通面阔6.3米，通进深13米，占地面积82平方米。亨堂后壁设祖先牌位。现存建筑重修于1983年。

世德堂

位于绩溪县伏岭镇伏岭村，系邵氏上门派支祠，建于清代后期。坐北朝南，占地面积510平方米。前后三进，中进已不存。前进为拱轩顶，三合土地坪，后进为二层建筑，抬梁式梁架，悬挂有『世德堂』匾额一块。

世福堂

位于黄山区永丰乡永丰村卓村自然村，建于清代。门向东南，二进五开间。占地面积 250 平方米，高约 6.7 米。木架结构穿斗式，斜方格纹水门汀地面，平铺式天井，板壁墙，天棚望板，卷棚月梁。

世荣堂

位于祁门县闪里镇七一村合云组，系李氏宗祠，建于清代。坐北朝南偏西，三进三开间前后天井砖木结构建筑。通面阔 9.1 米，通进深 27.4 米，占地面积 249 平方米。规模较小，风格简朴，祠内木雕狮子 6 只受损，寝堂照壁已失。

世善堂

位于祁门县柏溪乡新溪村汪村组，系江氏宗祠，始建于清代。坐西朝东，三进三开间中天井。通面阔9.2米，通进深20.2米，占地面积186平方米。原祠于1944年受火焚，后重修。

世孝祠

位于歙县郑村镇棠樾村，建于清嘉庆七年（1802），是专门供奉棠樾鲍氏孝子牌位的祠堂。坐北朝南，共三进。通面阔12.3米，通进深44.86米，占地面积551.79平方米。原存砖门罩和后进寝堂，门屋、享堂及天井、廊庑『文革』中改建，2009年、2014年两次修复。门面为四柱三间三楼式清水砖门罩，门额上有邓石如隶书『世孝祠』三字。寝堂保存有《世孝事实碑》6方和《重修慈孝、孝子两坊碑记》《世孝祠碑记》各1通。1996年被列为全国重点文物保护单位。

守齐公祠

位于黄山区仙源镇龙山村水关自然村，建于晚清。占地面积216平方米。二进三开间带天井。天井西侧为回廊，高约6米。木架结构穿斗式，斜方格纹水门汀地面，方形、八边形石柱础，白果木立柱。内部无隔墙，天棚望砖，卷棚月梁，有偷柱，封檐望板，天井、回廊上檐存斜撑74个、月梁2根，图饰双狮戏球。2017年被列为黄山市重点文物保护单位。

舒光裕堂

位于黟县宏村镇屏山村，建于清代。坐北朝南，通面阔17.26米，通进深34.86米，占地面积601.7平方米。三进五开间二天井砖木结构二层建筑。共有前、中、后（即门屋、享堂、寝堂）三进，门屋、享堂为三开间，寝堂为五开间。木柱、月梁硕大，气势雄伟。大木构架承重，砖、木、石构件及木装修飞罩等保存完好。2004年被列为安徽省重点文物保护单位。

舒庆余堂

位于黟县宏村镇屏山村，建于明代。坐北朝南，通面阔18.14米，通进深26.74米，占地面积485.1平方米。二进五开间砖木结构建筑。大木构架承重，砖、木、石构配件及装修等制作精致，整体保存情况较好。2004年被列为安徽省重点文物保护单位。

树德堂

位于祁门县大坦乡光华村石门组，系汪氏宗祠，建于清代。坐南朝北，三进三开间前后天井砖木结构建筑。通面阔11米，通进深24.5米，占地面积270平方米。寝堂依山而建，后墙为山墙，祠内无精雕细作，规模较小。

树德堂

位于黄山区仙源镇弦歌村中新组，建于清咸丰九年（1859）。通面阔15.8米，通进深8.7米，占地面积137.46平方米，高6.2米。木架结构穿斗式，水门汀地面，平铺式天井，有匾额2块、斜撑8个、格子门2副、格子门窗2副、梁袱4个。门向北偏东52°，一进五开间。内悬『贡元』『树德堂』2块匾额。2008年被列为黄山市重点文物保护单位。

舜臣公祠

位于徽州区呈坎镇呈坎村后街，建于清代。坐西朝东，建筑面积94.6平方米。舜臣原为元末明初呈坎罗东舒之子，以德高善行，特立支祠。现存建筑为清末重建，仅存厅堂三间，檐口有梁柱和斜撑，有三步石级登临。

司谏第

原位于徽州区潜口镇潜口村，现存于潜口民宅明园内，建于明弘治八年（1495）。二进三开间厅堂，系明永乐初吏科给事中汪善的五位孙子为祭祖所建家祠。享堂悬永乐四年（1406）明成祖敕谕匾额一方。梭柱、月梁、荷花墩、叉手、单步梁和斗拱都有精美的雕刻。枫拱宛如流云飞卷，显示出明代风格，上昂铺作，在江南明代大木作中极为罕见。1988年作为潜口民宅的组成部分被列为全国重点文物保护单位。

思孝堂

位于祁门县柏溪乡溶川村，又名『江明公祠』，系江氏宗祠，建于清同治年间。坐北朝南，二进三开间中天井。通面阔9.7米，通进深13.6米，占地面积132平方米。2002年曾修缮，现保存较好。

四安祠

位于歙县上丰乡上丰村，建于清代。坐西朝东，三进三开间。通面阔9.6米，通进深24米，占地面积220平方米。大门前是古街，前进已拆改，后进为二层建筑，内有花草、动物等木雕。

四房厅

位于黟县宏村镇龙江村蓬厦组，系江氏宗祠，建于明代，后经多次修建。坐东北朝西南，三进五开间二天井砖木结构建筑。通面阔16.82米，通进深31.23米，占地面积525.3平方米。前进为门屋，中进为享堂，后进为寝堂。享堂为五开间，门屋、寝堂为三开间。木柱、月梁硕大，气势宏伟。大木构架承重，三开砖围护墙，中青瓦屋面，大料石铺就天井。三合土地坪。大木构架保存较完整，前后一统，入口门楼明代风格遗存，制作精致。

四亲义庆祠

位于婺源县思口镇新源村，系俞氏宗祠，始建于明嘉靖四十四年(1565)，历史上曾多次修葺，2003年重修，2016年再次大修。通面阔24米，通进深36米，占地面积860平方米。分前堂、享堂、寝堂三部分，寝堂为三层建筑。祠内木雕、砖雕和石雕图案精美、大气、细腻，保存完好，特别是宗祠内的柱子至今未被虫蛀过。门前原有石狮一对，甚为精巧，后被窃。廊庑内墙有清乾隆、道光、同治年间所立《祠规》6方。如今尚有宋进士翰林恒公御赐砖街存留。2013年被列为全国重点文物保护单位。

四政堂

位于黄山区三口镇湘潭村，建于清代。占地面积289平方米。组合式建筑群，木架结构穿斗式，斜方格纹水门汀地面，板壁墙，有阁楼。

松柏堂

位于歙县深渡镇九砂村，建于明代。坐北朝南，二进三开间带天井上下对堂二层建筑。通面阔9.3米，通进深13.2米，占地面积122.76平方米。天井左侧为楼梯。

苏氏宗祠

位于黄山区永丰乡永丰村岭下自然村，又称『六甲祠』，建于元末明初，重建于清同治年间。占地面积621.6平方米。共有三进。进深38米，面阔15.3米。第一进门厅为五凤楼式，檐下木构件雕有人物山水、楼台亭阁等图案；第二进两边墙上绘有山水壁画两幅和朱熹书写的『忠孝节义』4个黑漆大字；第三进寝殿台基前立石栏与两边台阶相接，有青石浮雕栏板7块及8根石狮子望柱。2004年被列为安徽省重点文物保护单位。

孙氏宗祠

位于黟县柯村乡三合村孙村组，建于清代。坐北朝南，通面阔12.2米，通进深29.85米，占地面积324.9平方米。三进三开间带门屋砖木结构建筑，后进已毁，仅有遗址。雕刻细致，梁架承重，三开砖空斗墙围护，中青瓦屋面，三合土地坪。2016年被列为黟县重点文物保护单位。

太古堂

位于歙县三阳镇中村，系洪氏宗祠，建于明末。坐北朝南，前后四进五开间三天井。通面阔17.3米，通进深35米，占地面积605.5平方米。厅堂构架上木雕精美，保存完好。2006年被列为歙县重点文物保护单位。

太和堂

位于祁门县新安乡高塘村汪村组，系王氏宗祠，建于清代。坐北朝南，三进五开间前后天井。通面阔15.3米，通进深32.2米，占地面积493平方米。大门前进2005年重修，风貌已失，享堂部分风貌仍存。

太湖祠

位于歙县昌溪乡昌溪村，系吴氏宗祠，又名『叙伦堂』，始建于明代，清代重建。通面阔17.5米，通进深40米。三开间。附属建筑有议事厅、戏台等。大门为五凤楼式，门上悬『第一世家』匾额。中进享堂，用料粗硕，明间两根楠木金柱柱围达1.7米。2012年被列为安徽省重点文物保护单位。

太子堂

位于绩溪县伏岭镇石川村78号对面，建于清代晚期。坐西南朝东北，占地面积26平方米。一进三开间。硬山式屋顶，『人』字顶，抬梁式梁架，三合土地坪，外砌封火墙，木结构略施雕刻。

谭氏一甲祠

位于黄山区耿城镇饶村，又称『道山公祠』，建于清代。现残存中进（明堂），占地面积147.61平方米，高约7米。木架结构穿斗式（花岗石柱），水门汀地面，卷棚望砖。

汤氏祠堂

位于黟县碧阳镇马道村，始建于清代，现搬迁至马道村。坐东北朝西南，三进（即门屋、享堂、寝堂）五开间二天井砖木结构建筑。开间17.85米，进深35.15米，占地面积627.4平方米。四柱五楼式牌坊门楼，门屋、享堂、前廊部设卷棚轩。享堂大厅、寝堂设人字轩，梁架承重，中青瓦屋面，仿方砖，阶沿、天井地坪石规格大。2016年被列为黟县重点文物保护单位。

汤氏宗祠

位于黟县碧阳镇马道村，建于清代。坐东北朝西南，通面阔17.85米，通进深35.15米，占地面积627.4平方米。三进（即门屋、享堂、寝堂）五开间二天井砖木结构建筑。梁架承重，中青瓦屋面，仿方砖，阶沿、天井地坪石规格大。

天合堂

位于祁门县古溪乡黄龙村黄龙口自然村，系汪氏支祠，建于明代。坐西南朝东北，二进三开间中天井。通面阔 10 米，通进深 17.5 米，占地面积 175 平方米。门楼为『五凤楼』式，斗拱式斜撑众多，青石板铺地面。

田氏宗祠

位于祁门县安凌镇联合村红权组，建于清代。坐南朝北，三进五开间中天井。通面阔 14 米，通进深 27.5 米，占地面积 385 平方米。门前有麻石抱鼓 1 对，旗杆石 4 块。

厅屋

位于婺源县江湾镇下晓起村，又名『睦顺堂』，建于明嘉靖年间。占地面积278.5平方米。门楼为牌坊式，砖雕完好，雕刻图案只有凤而没有龙，周边用『卍』字图案装饰。2006年被列为婺源县重点文物保护单位。

同善堂

位于祁门县古溪乡黄龙村黄龙口自然村，系汪氏支祠，建于清代。坐西南朝东北，三进三开间。通面阔12米，通进深32.1米，占地面积385平方米。门前青石栏杆1组，小鼓石1对，中、后部设有天井，享堂照壁处存有石井1眼。

屯川大社

位于歙县上丰乡屯田村，系当地社屋，建于清代。坐东朝西，二进三开间。通面阔10.4米，通进深12.4米。社屋明间上有木板挂落，左有厨房，右有轿房，屋内左墙壁嵌有『黟县青』石碑一块，记载建社年代和捐银人名及数字。落款为清道光六年(1826)。2006年被列为歙县重点文物保护单位。

外新屋

位于歙县霞坑镇湖山村上湖组，建于清代。坐北朝南，二进三开间。通面阔9米，通进深11.5米，占地面积103平方米。大门有门罩，门罩略有砖雕，正厅前檐有轩顶，梁柁、斜撑等构件有雕刻。

汪家政堂

位于歙县坑口乡汪村，系汪氏宗祠，建于清代。坐西北朝东南，三进五开间。通面阔16.7米，通进深40.85米，占地面积682平方米。三进全部抬梁式构造，中进通道两边有水池、廊庑，梁架装有象鼻梁头，梁上平盘斗。祠内斜撑、驼峰、雀替等雕刻精美。

汪乐善堂

位于歙县上丰乡霞江村汪家组，系汪氏宗祠，建于清代。坐东朝西，三进三开间。通面阔10米，通进深26米。『八』字墙，门楼有托塔天王李靖与神仙大战砖雕，其余还有葵花、『寿』字，内有大小狮和古战将、天官等木雕。

汪氏祠堂

位于歙县街口镇前山村，建于明末清初。三进三开间。通面阔 10.91 米，通进深 13.51 米，占地面积 147.4 平方米。祠内木雕精细，砂石地面，石板铺成。

汪氏祠堂

位于祁门县小路口镇石谷村燕窝里组，系汪氏宗祠，建于清代。坐西朝东，三进三开间前后天井。通面阔 9 米，通进深 26.9 米，占地面积 242 平方米。祠前设石阶而上，门前有抱鼓石一对，四来头。

汪氏祠堂

位于祁门县安凌镇王村汪下组，建于清代。坐北朝南，三进三开间带天井。通面阔12.8米，通进深32.3米，寝堂通进深10.2米，占地面积413平方米。前进及享堂部分改建，原风貌已失，现存后进寝堂部分。

汪氏祠堂

位于黟县碧阳镇碧山村碧东组，建于清代。坐西北朝东南，通面阔19.55米，通进深42.86米，占地面积837.9平方米。二进五开间一门屋二廊建筑。木构架承重，门屋为『五凤楼』式，气势较为宏大。2017年被列为黄山市重点文物保护单位。

汪氏二甲祠

位于祁门县箬坑乡下汪村，系汪氏二甲支祠，建于清代。坐西朝东，二进三开间。前设天井，享堂后墙设牌位堂，无寝堂。整体建筑规模较小。

汪氏分祠

位于黄山区谭家桥镇东黄山村西二组，建于清代。占地面积122.64平方米，高约5.5米。木架结构穿斗式，三合土地坪，地沟式天井，无内墙，有侧门，天棚卷棚望砖，有月梁。2008年被列为黄山市重点文物保护单位。

汪氏宗祠

位于绩溪县瀛洲镇汪村32号右侧，建于清代中期。坐东朝西，占地面积460平方米。分前、中、后三进。面阔五间，进深三间，中设仪门，其后是庭院等，再后是享堂，最后是寝楼。歇山式屋顶，外砌封火墙，抬梁穿斗并用式梁架，斗拱承挑出檐，外檐南北梢间封砌『八』字形墙，有砖雕。

汪氏宗祠

位于歙县郑村镇棠樾村槐塘组，建于明末。坐东朝西，二进二开间带天井。通面阔16.3米，通进深15.8米，占地面积258平方米。北边堂开门，大门上方有冬瓜梁，梁撑和梁柁有雕刻。西边堂木柱，青石铺地，厢堂有梁撑、梁柁。柱为楠木，梁为白果木。

汪氏宗祠

位于绩溪县伏岭镇上西村，建于清代后期。坐南朝北，占地面积192平方米。由门楼、庭院、廊庑、享堂、厢房几大部分组成，明间上方高悬『叙伦堂』匾额，享堂面阔五间，进深四间，硬山式屋顶，斗拱承挑出檐，驼峰、平盘斗、雀替均饰雕刻。

汪氏宗祠

位于绩溪县长安镇坦头村，建于清代中期。坐北朝南，占地面积845平方米。三进五开间前后天井，前进为『五凤楼』式，歇山式屋顶，门楼上的额枋雕刻人物故事；中进为『人』字顶，雀替和平盘斗雕刻人物及花卉纹；后进为寝楼，比中进高，拱轩顶，雀替和驼峰同样雕刻精美。中后进厢房无隔扇装饰。2007年大修，整座祠堂保存基本完整。

汪氏宗祠

位于歙县杞梓里镇唐里村，建于清代中叶。坐西朝东，三进三开间。占地面积351平方米。后进石柱石栏杆，柱头为荷花状。

汪氏宗祠

位于歙县桂林镇双河村旧宅自然村，建于清乾隆年间。坐西南朝东北，三进三开间。占地面积202.68平方米。二进(下堂)、后进(上堂)有天井，上堂有厢房，有明堂，木雕梁柁，青砖结构。

汪氏宗祠

位于黄山区三口镇，建于清代早期。分为主祠和偏房。共三进。木架结构穿斗式与抬梁式结合，硬山式屋顶，斜方格纹水门汀地面，大型石柱，天棚望砖，梁为大型白果木制成。门楼为『五凤楼』式。通面阔25.1米，通进深59米，檐高7.5米，占地面积1507.5平方米，偏房占地面积约700平方米。第一进门厅，东承天井，两侧回廊，天井四周额枋上雕有人物、花卉、珍禽。第二进明伦堂，梁上、轩下、雀替、斜撑、大斗均雕刻图案。第三进寝殿高出2米，铺有台阶，立有石栏，雕狮望柱，梁上独个大斗上雕刻的人物造型生动，刀法流畅，风格独特。门楼、额枋、梁上轩下、雀替、斜撑、大斗均雕刻人物故事、珍禽、花卉、楼台亭阁。现祠堂保存完好。2017年被列为黄山市重点文物保护单位。

汪氏宗祠

位于歙县许村镇前村武山下自然村，建于清代。坐西朝东，三进三开间。通面阔10米，通进深19.9米，占地面积199平方米。后进设有灵位。

汪氏宗祠

位于绩溪县瀛洲镇周村53号对面，建于清代后期。坐南朝北，占地面积318平方米。由前进、正厅和寝楼组成。硬山式屋顶，抬梁穿斗并用式梁架，三合土地坪。祠堂用料较大，雕刻不多，寝楼的隔扇保存完整。

王家祠堂

位于歙县徽城镇就田村，建于清代。坐东朝西，二进三开间二天井。通面阔8米，通进深18米，占地面积144平方米。后进倒塌。有冬瓜梁、方石柱、木雕，『八』字墙。

王家祠堂

位于黟县碧阳镇郭门社区，建于清代。坐西北朝东南，通面阔10.7米，通进深19.3米，占地面积206.5平方米。二进三开间中天井砖木结构二层建筑。大门朝前，右厢通外路，左厢通偏屋。后进前廊部和前进前后厅均有卷棚轩天棚，后进正厅有『人』字轩天棚。

王氏惇叙堂

位于歙县溪头镇畔岔村，又名『里王祠』，建于清初，清中叶大修。三进三开间二天井。通面阔12.3米，通进深33米，占地面积406平方米。中进梁柱宏大，前卷后轩，有象鼻、驼峰、雀替等木雕构件。2006年被列为歙县重点文物保护单位。

王氏宗祠

位于休宁县鹤城乡左右龙村左龙组，建于清代。占地面积247.86平方米。坐西南朝东北，存门屋、大厅、享堂、寝楼。门屋雀替雕人物，枋饰花卉；大厅地面铺青石板，柱础圆鼓状；享堂柱础圆鼓状及方形，雕刻瓜楞及铁锚图案；寝楼有青石护栏。

王氏宗祠

位于黄山区新丰乡新丰村中部，又称『富公厅』，建于清代。占地面积345.68平方米。坐东朝西，二进三开间。前低后高，回廊式天井（地沟式），木架结构穿斗式，斜方格纹水门汀地面，两侧回廊，南侧侧门，卷棚月梁，有月梁1对，斜撑7个。

王氏宗祠

位于绩溪县板桥头乡下溪村，又名『笃亲堂』，建于清光绪八年（1882）。坐北朝南，处低山丘陵地带。前后两进，前进后部有天井。整座宗祠为抬梁式梁架，用材硕大。距宗祠大门10米处的影壁为后来复原新建。

惟一堂

位于祁门县箬坑乡上汪村，系汪氏宗祠，建于明代。坐东朝西，三进三开间砖木结构建筑。通面阔12.5米，通进深27.5米，占地面积344平方米。由门楼、享堂、寝堂三部分组成，原木雕狮子已失，前大门处边设二侧门，祠堂中部设二耳门。

文献祠

位于徽州区呈坎镇呈坎村西首，系罗氏宗祠，始建于明弘治年间，清同治年间大修。坐西朝东，建筑面积472.93平方米。三进七开间。现仅存前进门屋和后进寝殿，前进前后檐加砌了围护墙。明间为村道，寝殿抬梁式梁架，前轩两层枋。屋面三重脊线，八字博风。2001年作为呈坎村古建筑群的组成部分被列为全国重点文物保护单位。

文叙堂

位于黟县西递镇石印村，系王氏宗祠，建于明末。坐北朝南偏东，通面阔12.57米，通进深29.41米，总占地面积369.7平方米。三进五开间前后二天井砖木结构建筑。共三进，分为门屋、享堂、寝堂。中进为三开间，前、后进为五开间。木构架承重，梭柱圆梁，硕大，气势宏伟，规模大。木构有雀替、斗拱、梁袱等，雕刻极其精美。石作构件雕工精致。

屋祠堂

位于歙县北岸镇白杨村上祈汪自然村，建于清代。坐西朝东，三进三开间。通面阔8.1米，通进深17.15米，占地面积138.92平方米。保存较为完整，门楼有部分砖雕。

吾公堂

位于黄山区新丰乡新丰村悦冲组，建于清代。二进三开间。后高前低，依地势而建。占地面积394.4平方米，高约5.6米。木架结构穿斗式，前进为方格纹水门汀地面，后进为斜方格纹水门汀地面，地沟式天井，板壁墙，天棚望板。

吴家祠堂

位于歙县北岸镇显村，建于清代中叶。坐北朝南，三进五开间。通面阔11.7米，通进深24.6米。门亭为『五凤楼』式，两侧『八』字墙，砖雕极为细腻繁复。驼峰、狮撑、雀替、博风板等构件雕刻精美。

吴氏支祠

位于歙县北岸镇白杨村方祈自然村，建于清康熙年间。坐南朝北，现存二进五开间。通面阔9.35米，通进深17.9米，占地面积167.37平方米。门楼已改建，内有诸多木雕。

吴氏支祠

位于歙县金川乡中坑村高山自然村，建于清末。坐东朝西，二进三廾间。通面阔6.88米，通进深9.93米，占地面积68.32平方米。大门斜置，简易门罩。堂名『礼让堂』，月梁粗硕，梁柁、雀替都有人物、花草雕刻。

吴氏支祠

位于歙县许村镇许村前溪自然村，建于清代。坐西朝东，二进三开间。通面阔8.2米，通进深12.15米，占地面积约100平方米。大门有简易门楼，内部斜撑、雀替、梁柁等构件有雕刻。

吴氏支祠

位于歙县北岸镇北岸村小学内，建于清代中叶。四进三开间二层建筑。通面阔13.34米，通进深42.66米，占地面积539.5平方米。后进寝堂有高台基，前檐下『黟县青』石栏杆上雕刻图案共12幅，有花禽、佳树等，生动有致。2017年被列为黄山市重点文物保护单位。

吴氏宗祠

位于歙县霞坑镇崇头村，建于清代。坐西南朝东北，三进三开间二层建筑。通面阔10.7米，通进深23.3米，占地面积245平方米。大门有二柱单间砖雕门楼，上书『吴氏宗祠』四字。梁柱粗大，雀替、梁柁等构件有雕刻。

吴氏宗祠

位于歙县北岸镇北岸村，建于清代中期，清道光六年(1826)重修。三进五开间。通面阔18.37米，通进深44.11米，占地面积726平方米。门屋为『五凤楼』式，大门前两梢间砌磨砖『八』字墙，饰以砖雕。中进享堂悬『叙伦堂』匾额，梁架高敞，月梁式梁头雕象鼻，梁柱硕大，前金柱直径达56厘米。前有石栏，栏板镌『西湖十景』浮雕。天井寝堂前亦有石栏，镌『百鹿图』浮雕和古代礼器浮雕，构图精妙，刀法遒劲。2013年被列为全国重点文物保护单位。

吴氏宗祠

位于黟县宏村镇宏村，建于清代。坐北朝南，占地面积222.7平方米。正屋为二进三开间，后进为二层建筑，中间设有天井。木构架用料硕大，做工精细。2001年被列为全国重点文物保护单位。

吴氏宗祠

位于歙县金川乡查坑村长岭脚自然村，建于清末。坐西朝东，三进三开间二天井砖木结构建筑。通面阔9.1米，通进深23.05米，占地面积209.7平方米。有木雕，『八』字墙。

五教堂

位于绩溪县华阳镇东大街70号，建于明代后期。坐北朝南，总占地面积288平方米。建筑以中轴线布局，东西对称。它由前、中、后三部分组成。前一部分为门厅，后有庭院。中间部分为主体客厅，东西两厢设有上房。蜀柱下的梁柁，雕刻成一朵朵内卷外翻的莲花，叉手则以云龙纹装饰。1998年被列为安徽省重点文物保护单位。

务本堂

位于歙县杞梓里镇舒家岸村，建于清咸丰初期。坐东朝西，三进三开间二天井砖木结构建筑。通面阔9.1米，通进深21.2米。雕梁画栋，砖雕门楼，边厢有社屋。

务本堂

位于歙县坑口乡金龙潭村汪龙坑自然村，系汪氏宗祠，建于清代。坐北朝南，三进三开间。通面阔9.05米，通进深24.35米，占地面积234平方米。抬梁式梁架，圆盆式平盘斗，莲花柱础，有卷棚轩顶，象鼻梁头，龛座前原有隔扇。

务本堂

位于祁门县古溪乡谢家村磜里组，系潘氏宗祠，建于清代。坐北朝南，三进三开间前后天井。通面阔9.8米，通进深23.5米，占地面积230平方米。门前设木搁栅，青石抱鼓一对。2000年曾大修。

务本堂

位于黟县宏村镇宏村，又名『四房厅』，建于清代。坐北朝南，占地面积894平方米。三进三开间前后二天井。木构架用料硕大，做工精细，装饰构件雕刻精美，正屋前方建有小院，整座祠堂保存较好，现作为黟县民间艺术博物馆。2001年被列为全国重点文物保护单位。

务本堂

位于婺源县江湾镇上坦村，系孙氏宗祠，建于清同治年间。由前院、门楼（已改建小学教室）、享堂和寝室组成，占地面积1225平方米。享堂骑门梁直径1.4米，上雕『全仙祝寿图』。2005年被列为婺源县重点文物保护单位。

希范堂

位于黄山区永丰乡岭下村，清代官员杜冠英故居，建于清光绪十一年（1885）。三进三开间砖木结构建筑。正堂通面阔18.8米，通进深29米，檐高8.2米，建筑面积728.12平方米。左右肩有厢房，后进为三间走马楼。斜撑、雀替、梁枋均雕有龙凤、狮子和花草图案。后进正面均用格子门窗装饰，门肚板上刻有家训，前厅中堂悬有金面匾额『希范堂』。2004年被列为安徽省重点文物保护单位。

下祠堂

位于绩溪县瀛洲镇仁里村103号，建于清代中期。坐西北朝东南，占地面积687平方米。分前、中、后三进。前进门楼，面阔五间。歇山式屋顶，外砌封火墙，抬梁式构架，设拱轩顶，中开仪门。斗拱承挑出檐，三合土地坪。门楼后是庭院，条石地坪，东西两侧是廊，享堂面阔五间，进深三间，硬山式屋顶，抬梁式构架，三合土地坪，寝楼面阔五间，进深三间，硬山式屋顶，抬梁穿斗并用式梁架，三合土地坪。

下方祠堂

位于歙县新溪口乡太平村，建于清代。坐北朝南，三进三开间二层建筑。通面阔7.6米，通进深22米，占地面积167.2平方米。有砖、木雕。

下坞仇氏宗祠

位于歙县上丰乡霞江村下坞自然村，建于清代。坐北朝南，三进三开间二层建筑。通面阔9.7米，通进深24.5米。大门『八』字墙，栅栏门，4朵芙蓉花木雕高悬大门上方。后进有『麒善堂』匾额1块，落款为『梁同书题』。2006年被列为歙县重点文物保护单位。

咸宜堂

位于黟县宏村镇屏山村，建于清代。坐北朝南，通面阔20.05米，通进深26.84米，占地面积510.5平方米。二进砖木结构建筑。前进三开间，后进五开间。大木构架承重，木构件及其装修保存较完好，楼梯设在后进左边房内，斜方格三合土地坪，三开砖空斗墙，中青瓦屋面。2004年被列为安徽省重点文物保护单位。

萧江大宗祠

位于婺源县江湾镇旃坑村水口，建于清康熙五十三年（1714）。由庭院、大门门屋、享堂、寝堂组成，占地面积2400平方米。庭院砌有半月形莲池，大门为『五凤楼』式。祠内梁枋、花板木雕精致。2005年被列为上饶市重点文物保护单位。

萧江支祠

位于绩溪县家朋乡坑上村，建于清代中期。坐西北朝东南，占地面积150平方米。上下对堂中天井砖木结构建筑。抬梁穿斗并用式梁架，三合土地坪。正堂前檐上首悬挂有『柱国世家』匾额，正厅上首悬挂『敦厚堂』匾额，正厅6根盈柱上各有楹联3副。

孝友堂

位于歙县坑口乡瀹潭村上村自然村，建于清代。坐西南朝东北，通面阔10.7米，通进深13.37米，占地面积143.06平方米。三进砖木结构建筑。中进抬梁式梁架，三开间一层；后进五开间二层，装有雀替柱撑，神牌龛座完好。

效陈祠

位于婺源县沱川乡理坑村，系余氏支祠，建于清初。坐西朝东，二进三开间砖木结构二层建筑。通面阔13.45米，通进深13.5米，占地面积201.6平方米。深天井，地铺青石，石柱础，享堂为二层楼，内木构件略有雕饰，整个建筑结构简练、粗犷，且空间较为狭小。2005年被列为婺源县重点文物保护单位。

协和堂

位于祁门县溶口乡溶口村板石组，系康氏宗祠，始建于明代，清代重修。坐北朝南，三进三开间前后天井。通进深31.1米，通面阔12.2米，占地面积379平方米。天井四周斜撑、木雕狮子已失，现存前进为1946年重修。

谢氏长房老屋

位于徽州区呈坎镇汪村后街，系谢氏宗祠，建于清代。坐西北朝东南，建筑面积268.2平方米。三进三开间。进门为门厅，一脊翻两堂。中进为大堂，三间五架。后进殿三间一统厅，屏门后为祭祖座神龛。

新厅厦祠堂

位于黟县碧阳镇碧山村碧东组，建于清代。坐北朝南，通面阔10.3米，通进深17.95米，占地面积184.9平方米。二进三开间一天井。大门门楼保存较好，雕刻精美。中青瓦屋面，木构架大多用木撑支护，木雕刻精美绝伦。

兴仁堂

位于祁门县历口镇彭龙村查田组，系张氏宗祠，建于清末。坐东朝西，三进三开间前后天井砖木结构建筑。通面阔12.6米，通进深27米，占地面积340平方米。祠前门楼饰有斗拱式斜撑。

行知堂

位于歙县徽城镇新路街教师进修学校，建于清代。坐东朝西，砖木结构建筑。通面阔14.18米，通进深20.7米，占地面积294平方米。圆柱支撑，横梁、斜撑有雕刻。青石铺就地面。

雄村上社

位于歙县雄村镇雄村桃花坝，建于清代。坐北朝南，二进三开间。通面阔11米，通进深20米。后进拆改建，只剩门屋4米门罩，上有『雄村上社』四字，门前有两石狮。

修爵堂

位于歙县小川乡临川村，建于清代。二进三开间。通面阔12.4米，通进深17米，占地面积218平方米。门廊两侧有石雕花草，廊柱为木质或石质，天井四周雀替、斜撑、梁柁上有木雕狮、鱼、花草和戏曲场景等。

徐氏宗祠

位于歙县长陔乡韶坑村，建于清乾隆年间。坐北朝南，三进二天井。通面阔14.7米，通进深46.2米，占地面积679平方米。『八』字门，两侧墙上有精细砖雕，有屋柱80根，梁柁、雀替雕刻有戏曲故事。2006年被列为歙县重点文物保护单位。

许家祠

位于歙县徽城镇就田村，建于清代。坐西朝东，三进三开间二天井。通面阔15米，通进深8.7米，占地面积130平方米。圆柱圆墩，有2块匾额。青石门楼。

许家祠堂

位于歙县溪头镇洪村口村，建于清代。坐东朝西，二进三开间。建筑面积约161.8平方米。前厅为花岗岩石柱，后院为8根圆形木柱，隔板已拆除。

许家祠堂

位于黟县宏村镇屏山村，建于清代。坐南朝北，通面阔11.18米，通进深10.64米，占地面积119平方米。三进三开间九檩八步架。木构架承重，空斗墙围护，中青瓦屋面。

许氏宗祠

位于绩溪县家朋乡磡头村听泉楼(68号)，建于明代中晚期。坐东南朝西北，占地面积335平方米。由门楼、庭院、廊庑、享堂及寝楼等几部分组成，现仅存享堂和寝楼。前檐石栏杆，宗祠旁边有一特祭祠，中设一天井，木构件雕刻较简单。硬山式屋顶，外砌封火墙，抬梁穿斗并用式梁架，斗拱承挑出檐，方砖地坪。梭柱、丁头拱、垂莲柱、荷花驼峰、卷云叉手等构件雕刻十分精美。1998年被列为安徽省重点文物保护单位。

许氏宗祠

位于绩溪县家朋乡尚村91号左前方，建于清代中期。坐东朝西，占地面积192平方米。分前、后、中三进。前进为门楼，面阔三间，进深一间，前进和中进之间设一天井，中进为享堂，抬梁穿斗并用式梁架，面阔三间，进深一间。后进为寝楼，室内的木雕构件雕刻精美，梁架和基础较好。

许氏宗祠

位于黄山区谭家桥镇中墩村下江组，建于清代。二进五开间。原为三进，前进拆除，现存中、后两进，后进高于中进，后进重檐。占地面积394.44平方米，高约9米。木架结构穿斗式，水门汀地面，地沟式天井。内无墙，天棚望板，卷棚月梁。木雕构件尚存。

许氏宗祠

位于徽州区潜口镇唐模村檀干园西，建于清代。坐北朝南，建筑面积436.54平方米。一进三开间厅堂。大厅五架矩形梁，前双步全为月梁，有雀替，后双步内设祭祖座。2011年被列为黄山市重点文物保护单位。

序爵堂

位于祁门县小路口镇大丰村叶村组，系叶氏支祠，建于清代。坐东朝西，二进三开间。通面阔11.8米，通进深20米，占地面积236平方米。门楼前饰有斗拱式斜撑8组，门前抱鼓石1对，非扁平式，前设天井。

叙和堂

位于祁门县小路口镇胜利村寺前组，系方氏宗祠，建于清代。坐东朝西，三进三开间前后天井。通面阔10米，通进深23.6米，占地面积236平方米。门口抱鼓石1对，屋面新修，前进屋面原有风貌不存。

叙伦堂

位于歙县璜田乡璜蔚村立新组，系胡氏宗祠，始建于清康熙二十三年（1684），后几经重修。占地面积396平方米。主体结构尚完整。

敘伦堂

位于歙县霞坑镇石潭村，又称『下门祠堂』，系吴氏宗祠，始建于明嘉靖三十三年（1554），完工于隆庆元年（1567），清代曾维修。三进五开间。通面阔15米，通进深45米，占地面积630平方米。中进有大小月梁上百根，故又名『百梁厅』，仍保留明代风格。后进立于高台上，白砂岩石栏，柱头雕狮，梁架前为卷棚轩，后有天棚。2012年被列为安徽省重点文物保护单位。

敘伦堂

位于歙县北岸镇白杨村新桥自然村，建于清代。坐西朝东，现只存中进。现存部分通面阔14.4米，通进深13.25米，占地面积190.8平方米。内有木雕。

敘伦堂

位于歙县坑口乡瀹潭村瀹岭坞自然村，系张氏宗祠，建于清代。坐西北朝东南，通面阔12.6米，通进深37米。抱鼓石雕及『八』字墙砖雕精美。平盘斗、瓜梁、狮撑、屏门砖木石雕刻精美。

敘伦堂

位于祁门县历口镇环砂村，原系程傅双姓祠，现为程氏宗祠，建于明代。坐东朝西，三进五开间前后天井砖木结构建筑。通面阔17米，通进深（含院）58.8米，占地面积1000平方米。祠堂前园存有古碑数方，其中清嘉庆年间『永禁碑』有较高的研究价值。2012年被列为安徽省重点文物保护单位。

叙伦堂

位于祁门县箬坑乡双马村马山组，系叶氏宗祠，建于明代。坐西南朝东北，三进三开间前后天井砖木结构建筑。通面阔12.5米，通进深28.6米，占地面积358平方米。寝堂设有祖宗牌位，青石、三合土铺设地面。2012年被列为祁门县重点文物保护单位。

叙伦堂

位于祁门县大坦乡光华村湘源组，系郑氏宗祠，始建于明代，重修于清代。坐北朝南，四进三开间前后天井。通面阔10.4米，通进深35.9米，占地面积373平方米。寝堂二层上楼后增设一进。四柱三楼式牌坊门楼，高约7米，宽8米，上方有『恩荣』直匾，下坊横书『科第传芳』。

叙伦堂

位于祁门县渚口乡清溪村，系郑氏宗祠，始建于明末。坐北朝南，三进五开间前中后三天井。通面阔10.8米，通进深59.7米，占地面积645平方米。前、后进为新建平房，中进2007年重修。

叙伦堂

位于祁门县古溪乡黄龙村廖家组，系廖氏宗祠，建于清代。坐北朝南，二进三开间中天井。通进深17.4米，通面阔10.8米，占地面积188平方米。木门档四来头，无寝堂，祖先牌位于享堂后壁，青石板铺设地面。

叙伦堂

位于歙县杞梓里镇英坑村，始建于明末，民国元年(1912)重修。坐西朝东，三进五开间。通面阔18.3米，通进深34.5米，占地面积631.35平方米。门厅两侧有『八』字墙，中进亭堂月梁梁头雕有花纹，用插提挑檐，覆盆础，天井青石铺地。2017年被列为黄山市重点文物保护单位。

叙五祠

位于祁门县闪里镇桃源村中村组，系陈氏总祠，建于清代。坐北朝南，现仅存后进三开间。面阔15.7米，进深11.2米，占地面积500余平方米。据谱料记载，桃源开基始于南宋四十二世祖进士及第官湖广咸宁县知县万七公，鼎新之子四十三世登仕郎仁四公由竹源迁桃源为五门开基祖，建陈氏宗祠。现存『遗书』『祭器』两匾。2012年被列为安徽省重点文物保护单位。

叙秩堂

位于黟县碧阳镇南屏村，系叶氏宗祠，建于清代。坐东朝西，通面阔15.7米，通进深42.55米，占地面积668平方米。三进三开间前后天井二层建筑。三进分别为门屋、享堂和寝堂。建筑飞檐翘角雄伟壮观，一对石鼓威武高大。2006年被列为全国重点文物保护单位。

续古堂

位于祁门县安凌镇广大村上凌组，系凌氏宗祠，建于清代。坐东朝西，三进三开间砖木结构建筑。通面阔11.4米，通进深26.7米，占地面积304平方米。民国期间曾作为小学校舍。

循责堂

位于黄山区三口镇白果树村红光组，建于清代。一进二开间。占地面积87.36平方米，高约5米。木架结构穿斗式，水门汀地面，板壁墙，天棚望板。

衍庆堂

位于祁门县箬坑乡栗木村，系王氏支祠，建于清代。坐西朝东，三进五开间前后天井砖木结构建筑。通面阔12.6米，通进深30.1米，占地面积379.3平方米。祠内无木雕细作，大门外有木制门栏，门楼及边廊立柱为方柱。

衍祥堂

位于歙县岔口镇文山村，建于清代。坐北朝南，一进三开间二层建筑。通面阔8.2米，通进深12米。建筑风格简单，木雕已遭破坏。有牌匾一块，刻『衍祥堂』。

彦兴堂

位于祁门县历口镇彭龙村，系汪氏支祠，建于明代。坐西朝东，一进五开间砖木结构建筑。通面阔10.5米，通进深15.1米，占地面积159平方米。门楼为汪宗顺牌坊（另行登记），前设天井，无寝堂。2012年被列为黄山市重点文物保护单位。

阳源大社

位于歙县坑口乡阳坑村湖田自然村，建于清代早期。坐东朝西，原『阳谷春深』亭左边。砖木结构建筑。有花脊，宝珠顶。内部有佛龛、柱础，梁头有丁头拱。

杨家坦叶氏宗祠

位于歙县上丰乡丰源村，又称『敦睦堂』，建于清代。坐北朝南，三进五开间。通面阔12.5米，通进深27米，占地面积约337.5平方米。『八』字墙，祠前有坦，后进有楼，有狮子、花草、人物等图案的砖、木雕。2006年被列为歙县重点文物保护单位。

姚氏祠堂

位于歙县深渡镇深渡老街中部，建于清代。坐北朝南，三进五开间。占地面积209.92平方米。前进已毁。中进两边设有走道，梁柁有木雕，顶部有砖雕。后进最前排设有两大方柱，其余全部白果木竖柱。后进前沿设有石栏杆。

姚氏宗祠

位于歙县森村乡皋径村，建于清嘉庆年间，后几度修缮。坐南朝北，通面阔14.4米，通进深130.8米，占地面积443.5平方米。三进中天井。庭前有精美木雕，祠内圆柱方梁。

姚氏宗祠

位于歙县深渡镇九砂村，始建于明代。坐东南朝西北，四进三开间三天井。通面阔12.2米，通进深26.5米，占地面积323平方米。两边设楼梯。内部梁柁木雕较多。屋内木柱直径最大1.35米，最小0.8米。

姚氏宗祠

位于歙县许村镇塔山村姚家组，建于明代后期。坐北朝南，三进五开间。通面阔10.9米，通进深27.4米，占地面积298.66平方米。中进基本保持原貌，置有斗拱，另有瓜柱8根，后进已改。中后进两边厢房木料腐烂，东厢房已倒。

叶家祠堂

位于歙县雄村镇山下村，建于清代。坐东朝西，二进三开间。通面阔9.25米，通进深15.5米，占地面积143.38平方米。有斜撑、冬瓜梁、网格窗。

叶氏宗祠

位于歙县金川乡伏岭脚村，系叶氏宗祠，建于清代。坐北朝南，三进三开间二明堂。通面阔8米，通进深16.5米，占地面积132平方米。大门有砖雕门罩，额书『叶氏宗祠』。狮子梁撑、梁柁、雀替雕刻精美，全堂红色油漆。

叶氏宗祠

位于徽州区呈坎镇汪村叶村自然村，又名『敦本祠』，建于清代。坐北朝南，建筑面积661.8平方米。三进五开间带天井。前进门厅为一脊翻两堂，两堂前后两个五架，脊下为仪门，花岗岩石板铺地。大堂高出天井尺许，大方砖斜铺地，两庑各为三间。2017年被列为徽州区重点文物保护单位。

叶氏宗祠

位于黟县宏村镇龙江村龙川组，建于清末。坐北朝南偏西，通面阔15.46米，通进深35.16米，占地面积538.5平方米。三进五开间砖木结构建筑。五凤楼，石柱木架。大木构架承重，柱梁硕大。2016年被列为黟县重点文物保护单位。

一本堂

位于祁门县闪里镇文堂村下文堂组，系陈氏宗祠，建于清乾隆年间。坐北朝南，三进三开间前后天井。通面阔11.6米，通进深37米，占地面积429平方米。祠院墙上嵌有乾隆年间『合约文碑』、嘉庆年间『禁赌碑』。现存建筑为20世纪90年代重修。

一本堂

位于祁门县历口镇深都村青云南畈组，系汪氏宗祠，始建于明末，重建于民国七年(1918)。坐西北朝东南，三进三开间前后天井。通面阔12.6米，通进深36.6米，占地面积461平方米。有建祠碑刻2方。

一本堂

位于祁门县芦溪乡奇口村河西组，又名『郑氏宗祠』，始建于明代，后毁，民国十年(1921)重建。坐西朝东，共四进，分别为门楼、仪门、享堂、寝堂。通面阔23.7米，通进深64.7米，占地面积1533平方米。2012年被列为安徽省重点文物保护单位。

一善支祠

位于徽州区呈坎镇呈坎村前街，分男、女两祠，建于清代。坐西朝东，建筑面积647.96平方米。男祠、女祠一北一南并肩而立，男祠仅存后进，五级台阶登临，临天井向有大栅栏门装修施腰檐，前檐斜撑，楼梯架南边间。女祠下廊开边门，上下对堂，两作枋，施黑漆，上堂较下堂高出1.2米。2001年作为呈坎村古建筑群的组成部分被列为全国重点文物保护单位。

伊公厅

位于歙县三阳镇竹源村方氏宗祠东边，建于清末。坐东北朝西南，一进一天井二层建筑。通面阔6.7米，通进深5.65米，占地面积37.86平方米。为方氏伊公建，早年供放行头所用，内有精美雕刻。

怡顺堂

位于歙县深渡镇安溪村，建于清代。坐北朝南，三进三开间二天井。通面阔12.38米，通进深26.7米，占地面积330.5平方米。后进为二层楼，正梁之上存有『寝成孔安』牌匾一块。中进右正梁处贴有科举喜报一张。

怡顺堂

位于歙县许村镇跳石村深川组，建于清末。二进三开间中天井。通面阔9.7米，通进深17.94米，占地面积174平方米。无砖木雕刻，大门有简易门楼。

贻燕堂

位于祁门县箬坑乡下汪村，系汪氏家庙，建于清代。坐西朝东，二进五开间前天井砖木结构建筑。进深22.3米，面阔15.2米，占地面积339平方米。享堂后墙设祖先灵位。

义方堂

位于祁门县历口镇正冲村，系陈氏宗祠，建于明代。坐东朝西，二进五开间砖木结构建筑。通面阔18米，通进深38.5米，占地面积693平方米。后堂已毁，祠前青抱鼓石一对，青石板铺设地面。2012年被列为祁门县重点文物保护单位。

义仁堂

原位于歙县溪头乡湖岔村，现存于潜口民宅清园内，系程氏宗祠的支祠，建于清康熙七年(1668)。二进三开间。门前竖立四根方形石柱，柱间装有棂星门，两侧装饰清水『八』字墙。大门装饰抱鼓石一对，屋面正脊两端装饰鳌鱼(龙吻)。1988年作为潜口民宅的组成部分被列为全国重点文物保护单位。

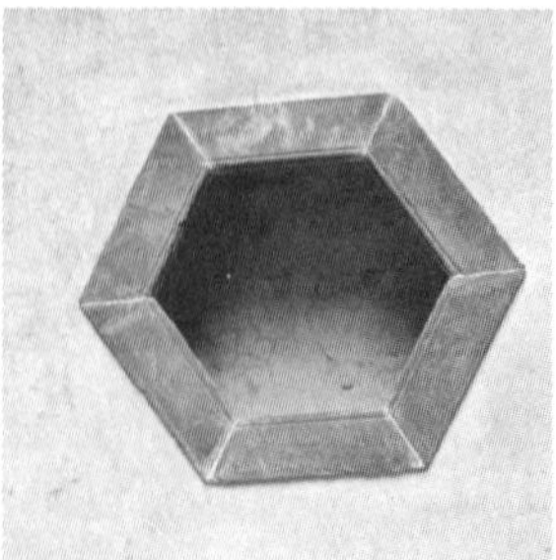

义胜堂

位于休宁县汪村镇杨源村广源组，系黄氏宗祠，建于清代。坐东南朝西北，占地面积251.16平方米。存门屋、大厅、寝楼。大门两边立抱鼓石，内部结构简单，地面铺青石板，柱础方形，寝楼大梁雕饰如意。

义叙堂

位于祁门县历口镇石迹村，系吴氏祠堂，建于清代。坐西朝东，二进三开间中天井砖木结构建筑。通面阔8.8米，通进深21.6米，占地面积190平方米。祠前青石抱鼓一对，雕刻石狮生动精美，梁架等雕刻简朴，近年曾局部进行修缮。

银公厅

位于黄山区永丰乡永丰村劳武组北部，建于清嘉庆年间。门向西南，二进五开间中天井，后耳井2个。占地面积409平方米，高7.5米。木架结构穿斗式，斜方格纹水门汀地面，地沟式天井，板壁墙，圆柱方梁，卷棚月梁，斜撑雀替。堂前墙立有记事碑刻，为银公厅碑记。

雍睦堂

位于歙县上丰乡赵村，系叶氏宗祠，建于明末，清代重修。三进五开间。通面阔14米，通进深33.7米，占地面积438平方米。中进享堂轩顶雕刻异常精美，左右有过厢，隔间用芦苇墙。2012年被列为黄山市重点文物保护单位。

永安堂

位于祁门县古溪乡黄龙村黄龙口自然村，系汪氏总祠，建于明代。坐西南朝东北，三进五开间中后天井。通面阔16.6米，通进深43米，占地面积714平方米。青石板铺设地面，斗拱式斜撑。寝堂为二层，双重檐。

永德堂

位于祁门县箬坑乡双马村马山组，系叶氏宗祠，建于清末。坐南朝北，二进三开间中天井砖木结构建筑。通面阔9.3米，通进深22.2米，占地面积206平方米。祠前有院。

永德堂

位于祁门县历口镇铺岭村石岭组，系吴氏宗祠，建于清末。坐北朝南，二进三开间中天井砖木结构建筑。通面阔9.1米，通进深18.1米，占地面积165平方米。有宣统二年（1910）『义烈可嘉』匾额一块。

永和堂

位于歙县霞坑镇里方村祖武自然村，系钱氏宗祠，建于清代。坐西北朝东南，二进三开间。通面阔12.4米，通进深19.1米。祠前大门有『八』字墙，天井两边是廊庑。内部梁柁、雀替、斜撑等构件有雕刻。

永和堂

位于祁门县古溪乡谢家村谢家组，系谢氏宗祠，建于清代。坐南朝北偏东，三进三开间前后天井。通面阔10米，通进深28米，占地面积280平方米。门前青石抱鼓一对，寝堂祖先牌位仍存。

永和堂

位于祁门县小路口镇大丰村叶村组，系叶氏宗祠，建于清代。坐东朝西，二进三开间前天井。通面阔7米，通进深15.1米，占地面积106平方米。青石板铺设地面，门楼处保存狮子斜撑2只，门前青石抱鼓1对。1984年曾大修。

永清堂

位于祁门县历口镇武陵村甫三组，系叶氏宗祠，建于清末。坐南朝北，三进三开间砖木结构建筑。通面阔10.6米，通进深27米，占地面积286平方米。祠前青石抱鼓石一对，有木雕、柱础，保存完好。

永庆堂

位于歙县昌溪乡万二村，建于明末清初。坐西朝东，二进三开间。通面阔10.4米，通进深12米，占地面积124.8平方米。依地势而建，后进高出前进约10米，拾级而上。祠内梁、石础等均显明代风格，有梁柁、梁撑等多处，木雕简约，正门高于地面1.5米，拾六级而上。

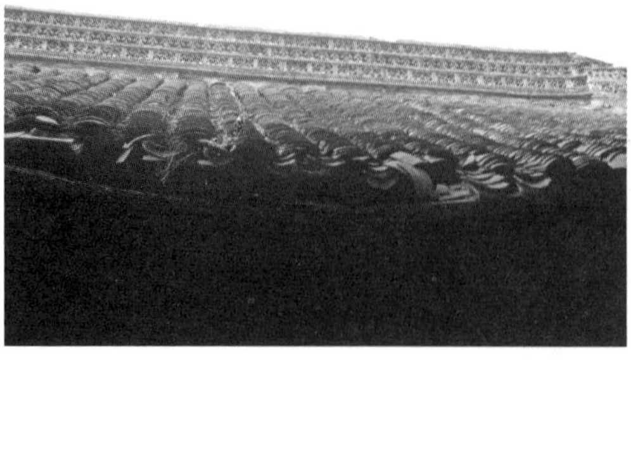

永锡堂

位于祁门县闪里镇文堂村上文堂组，系陈氏宗祠，建于明洪武年间。坐西朝东，三进五开间前后天井。通面阔19.6米，通进深52.6米，占地面积1031平方米。门前现存汉白玉抱鼓石一对。2016年重修。2017年被列为黄山市重点文物保护单位。

游氏宗祠

位于婺源县江湾镇济溪村，系游氏支祠，始建于明代后期，清代重修，2014年再次重修。由大门门屋、享堂和寝室(已坍毁)组成，占地面积800平方米。祠内梁柱构架、木雕装饰均十分精美。2005年被列为婺源县重点文物保护单位。

友宸堂

位于歙县霞坑镇里方村，系方氏宗祠，建于明代。坐东南朝西北，现仅存后进，三开间二层建筑。通面阔 13.3 米，通进深 9.2 米。中进已改为教室。后进设有牌位龛座。梁架粗大，梁柁、雀替等构件有简易雕刻。

友恭堂

位于歙县杞梓里镇磻溪村，建于清代。坐西朝东，二屋并连，一进三开间。通面阔 25.3 米，通进深 10.4 米，占地面积 263 平方米。大门有简易门楼，内部雕梁画栋，狮子梁撑尤为精美，全堂红漆。

余庆堂

位于休宁县白际乡结竹营村，建于清代。坐北朝南，占地面积 86.25 平方米。共两进。墙体用石块及砖块垒砌，木质大门，一进柱础方形，冬瓜梁雕刻人物，雀替雕饰花草，二进大梁雕饰云龙纹。

余庆堂

位于黄山区永丰乡永丰村卓村自然村，建于清代。占地面积656.78平方米。由门厅、影壁墙、主宅、偏室等4个部分组成。主宅东南向，门前有院落。前10多米为影壁墙，左前为门厅，右前为偏室。木架结构穿斗式，斜方格纹水门汀地面，地沟式天井，前天井直通五间，板壁墙，天棚望板，卷棚月梁。

余庆堂

位于歙县杞梓里镇竹溪村，系柯氏宗祠，建于明末清初。坐北朝南，三进五开间砖木结构建筑。通面阔14.15米，通进深26.25米，占地面积371.44平方米。大门有二柱单间砖雕门罩，平盘斗、叉手、驼峰、雀替雕刻精美。

余氏祠堂

位于黟县西递镇叶村利源二组，建于清代。坐北朝南，原为三进三开间，现存中进。面阔12.45米，进深8.3米，占地面积103.3平方米。木构架承重，三开砖空斗墙围护，小青瓦屋面。雀替、梁撑、梁栿等构件制作精美。

余氏宗祠

位于歙县深渡镇安济村梅林组村头处，建于清代。坐西朝东，三进三开间二天井。通面阔11米，通进深34.46米，占地面积379平方米。前进四柱二边墙，后进为二层建筑。前设有石柱栏杆。大门楼前石雕较多，祠内木雕梁柁较多。

余自怡官厅友松祠

位于婺源县沱川乡理坑村，为明崇祯年间广州知府余自怡奉旨敕建的家宅，余自怡去世后改为祠堂，又名『驾睦堂』。坐西朝东，砖木结构建筑。正屋面阔13.02米，进深18.5米，占地面积317.4平方米。大门为石库门坊，『五凤楼』式门楼。由小院、正厅、余屋三部分组成。共有方柱50根，木结构不施雕刻，不施油漆，裸露着木质纹理的自然美。现仍保持明代建筑遗风。2006年被列为全国重点文物保护单位。

俞氏宗祠

位于婺源县江湾镇汪口村东端溪畔，建于清乾隆九年（1744），道光四年（1824）重建。坐西北朝东南，三进院落，占地面积690平方米。建筑形制系中轴歇山式，由『五凤楼』式大门、享堂和寝堂组成。穿斗式与抬梁式并用梁架，梁皆作月梁，曲线柔和。木雕装饰精美，梁枋等处满雕人物、花卉树木、亭台楼阁、小桥流水、飞禽游鳞等精美图案百余组，令人赏心悦目。寝堂楼上通间装置隔扇花窗。2006年被列为全国重点文物保护单位。

员公支祠

位于歙县昌溪乡昌溪村，又名『寿乐堂』，建于清嘉庆年间。坐南朝北，通面阔13.5米，通进深45米，占地面积607.5平方米。三进五开间。前进门厅，两侧为清水砖雕『八』字墙，中门立一对『黟县青』抱鼓石。明间屋面升起，悬山式屋顶，门外悬『七星衍祥』直匾。中进享堂，悬『乐寿堂』匾额。后进天井中有一椭圆形水井，可作消防用；寝堂有楼，前加披檐，卷棚轩顶，额枋通长，后设牌位神龛。2013年被列为全国重点文物保护单位。

云溪堂

位于歙县许村镇许村高阳组，俗称『大宅祠』，建于明代，清代大修。坐东朝西，三进三开间。通面阔12.7米，通进深35.6米，占地面积452平方米。门厅有『八』字墙，上有松、鹿、仙鹤水墨彩绘。大门上彩绘门神。过门厅有天井、两庑。后进寝堂，前有花岗岩石栏板，雕净瓶荷叶，明代风格。后进左右山墙上嵌云溪堂帖刻石15方，每方横81.5厘米，纵31厘米，有董其昌、申时行、许国等名人手迹。2006年被列为全国重点文物保护单位。

查爱华家祠

位于黟县宏村镇大同村黄村口组，建于清代。坐北朝南，通面阔9.14米，通进深19.69米，占地面积180平方米。三进三开间二天井三层建筑。木构架承重，三开砖空斗墙，小青瓦屋面，青条石铺就阶沿及天井。

查氏宗祠

位于婺源县浙源乡凤山村，查公艺等人建于清康熙三年（1664），又名『孝义祠』。咸丰四年（1854）被乱兵毁坏，十年后由凤山二十八世孙查兆族等人集资在原址重建，光绪二十四年（1898）由凤山查仲之、查允滋、查启明等人组织扩建。占地面积2460平方米。大礼堂坐西朝东，面阔约80米，进深约140米。青石板地面，堂中百十来根二人合抱粗的柱子参天耸立，柱下77厘米高的石磉呈杯状，中间鼓圆突出，两端略微缩进，呈六方形，上刻祥云，飘逸细腻，精巧罕见。梁枋雕有莲花堆砌、百鸟朝凤、孝子义行、如意器物等图案。2013年被列为全国重点文物保护单位。

詹氏祠堂

位于黟县西递镇霭峰村林川组，建于清末。坐北朝南，通面阔11.04米，通进深24.96米，占地面积275.6平方米。三进五开间砖木结构建筑。木构架承重，小青瓦屋面，粗柱，圆梁。

张家祠堂

位于歙县徽城镇南屏村，建于清代。坐北朝南，二进五开间带天井。通面阔11.7米，通进深13米，占地面积152平方米。圆柱圆墩，现存2根石柱，冬瓜梁，梁有斜撑，有木雕。

张家祠堂

位于歙县徽城镇鲍川村，建于清代。坐北朝南，一进五开间。通面阔17米，通进深7.4米，占地面积约126平方米。

张氏厅

位于歙县坑口乡瀹潭村瀹岭坞自然村，建于清代。坐东朝西，四合式上下对堂砖木结构建筑。通面阔10米，通进深12米。上堂两层，下堂一层，楼下抬梁式梁架。木构架有冬瓜梁、雀替、柱撑、驼峰、卷棚轩顶。砖木雕刻很精美。石雕八棱莲花柱础。

张氏统宗祠

位于歙县森村乡黄备村，建于明万历年间。通面阔21.8米，通进深51.8米，占地面积1424.5平方米。有明代礼部左侍郎兼翰林院侍读学士张一桂所书『义隆一本』匾额一块。现前进五凤楼已拆除。

张氏支祠

位于歙县小川乡小洲村，建于清代。坐西朝东，三进三开间二层建筑。通面阔12米，通进深30米，占地面积360平方米。2006年被列为歙县重点文物保护单位。

张氏宗祠

位于歙县森村乡绍村，始建于明嘉靖年间。原有前、中、后三进，占地面积1400多平方米。现仅存后进部分，保存相对较为完好。1988年被列为歙县重点文物保护单位。

张氏宗祠

位于休宁县龙田乡桃林村，建于清代。坐东北朝西南，占地面积380.8平方米。现存门屋及享堂。门屋平盘斗雕人物、花卉。享堂柱础圆鼓状和方形，雕刻图案以土龙为主，香案上供菩萨，两旁供神主牌。2012年被列为休宁县重点文物保护单位。

张氏宗祠

位于休宁县鹤城乡左右龙村右龙组，建于清代。坐南朝北，占地面积448平方米。存门屋、享堂、寝楼。门罩镂空雕刻花卉及斜方格图案，内部木结构简单，地面铺青石板，立柱有圆形及灯笼状，柱础及大梁为方形。

张氏宗祠

位于徽州区潜口镇澄塘村，建于清代。坐南朝北，建筑面积129.5平方米。三开间五架。厅堂为五架梁加前后双步，月梁扁形，有雀替，厅堂两边山墙用皮门装饰。

章氏祠堂

位于绩溪县瀛洲镇瀛洲村，建于清代早期。坐北朝南，占地面积1295平方米。共三进，前进是门楼，中设仪门，仪门两侧的抱鼓石及须弥座雕刻凤凰、牡丹、松鹤及麒麟图案。其后为庭院、享堂，享堂面阔五间，进深四间，设拱轩和『人』字轩。后进有寝楼，面阔七间，进深三间。祠堂保存完整。2005年被列为绩溪县重点文物保护单位。

章氏宗祠

位于歙县金川乡柏川村，建于清代。坐北朝南，二进三开间二天井。通面阔10.5米，通进深23.5米，占地面积246.75平方米。享堂悬『乐善堂』匾额，前卷后轩，挂匾额、柱联，全堂红漆。后进有楼阁，石阶登临，内设牌位龛座。

章氏宗祠

位于绩溪县伏岭镇湖村，建于清代后期。坐西朝东，建筑面积867.5平方米。共有前、中、后三进。前进门楼为歇山式屋顶，抬梁穿斗并用式梁架，外砌封火墙，仪门彩绘秦叔宝、尉迟恭，其后是庭院、廊庑，廊庑面阔三间，进深一间，设拱轩，庭院条石铺筑，三合土地坪。明间悬挂『文魁』『武魁』匾额，饰垂花式砖雕门罩，整体保存完整。1997年被列为绩溪县重点文物保护单位。

章氏宗祠

位于歙县北岸镇呈村降村留村自然村，建于清代。坐北朝南，三进三开间。通面阔10.9米，通进深27.6米，占地面积300.84平方米。门楼呈『五凤楼』造型，内有诸多砖、木雕，中有『敦伦堂』匾额。

章氏宗祠

位于绩溪县家朋乡尚村，建于清代晚期。坐西南朝东北，占地面积195平方米。三进三开间砖木结构建筑。『人』字轩顶，抬梁穿斗并用式梁架，前后天井，后进为上下两层，三合土地坪，外砌封火墙，室内略施雕刻。

漳源府

位于歙县深渡镇漳岭山村，系朱氏宗祠，建于清代。坐东朝西，三进二天井，前进为五开间。通面阔12.2米，通进深20.35米，占地面积248.27平方米。天井两边设走道。第一进为五开间，第二进、第三进为三开间，第三进为二层建筑。

钊公祠

位于徽州区潜口镇蜀源村，又名『孝征祠』，建于清代。坐西朝东，二进三开间砖木结构厅堂。建筑面积251.8平方米。大门开在正面院墙靠东首，门罩简单，上嵌『黟县青』额匾，上书隶字『明孝子钊公支祠』。享殿为三开间五架加前后双步抬梁式大木结构。2017年被列为徽州区重点文物保护单位。

肇英堂

位于婺源县大鄣山乡水岚村，系詹氏宗祠，建于清代中叶。三进三开间。占地面积320平方米。由砖雕『八』字大门、前院、享堂、寝室组成，南侧临水一面，用石柱和大石板卯榫成护栏。2005年被列为上饶市重点文物保护单位。

贞节祠堂

位于歙县雄村镇义成村一组，建于清代中叶。通面阔8.5米，通进深9米，占地面积76.5平方米。二厅一天井。『八』字墙，为贞女朱美娟而建。徽州府衙赠『新安奇贞』匾已失。

贞一堂

位于祁门县渚口乡渚口村，系倪氏宗祠，建于明初，后毁于兵火。清康熙十二年(1673)重建，康熙十四年(1675)落成。宣统二年(1910)复毁于元宵节灯火，村人集资重建，新祠建成于民国三年(1914)。坐北朝南，朝门紧贴大堂主体，两侧各内缩3.3米，两旁各有一门，下方上圆。占地面积1000余平方米。祠堂分前、中、后三进。后天井织金池有碑刻两方，记载织金池修建历史。1998年被列为安徽省重点文物保护单位。

镇南祠

位于祁门县历口镇历溪村，系王氏宗祠，建于清代。坐北朝南，二进三开间前天井砖木结构建筑。(门楼为七开间)，无专设寝堂。通面阔12.8米，通进深28.8米，占地面积369平方米。青石、砖质地面。现改建为祁门御医展示馆。2012年被列为安徽省重点文物保护单位。

正梁公祠

位于歙县昌溪乡昌溪村，建于清代。占地面积100平方米。门厅有木雕，大门前方有石柱，木雕精细。

正衍堂

位于祁门县芦溪乡芦溪村，系汪氏祖上偏房祠堂，正梁墨笔行书『清光绪十八年岁次壬辰闰六月孟秋中浣吉日重修』。坐北朝南，二进三开间中天井。通面阔10米，通进深17.7米。祠门为二柱二层牌坊式，无抱鼓石，无寝堂。

正义祠

位于祁门县箬坑乡箬坑村上箬组，系王氏宗祠，建于清末。坐北朝南，三进三开间前后天井砖木结构建筑。通面阔11米，通进深32米，占地面积352平方米。前有院，无抱鼓石，门楼饰有斗拱式斜撑，享堂照壁已失，有木雕、柱础等，青石铺设地面，三合土地坪。

郑氏祠堂

位于黟县宏村镇龙江村上轴组，建于清代。坐北朝南，通面阔15米，通进深29.56米，占地面积443.4平方米。前、中、后共三进（即门屋、享堂、寝堂）。大门为『五凤楼』式门楼，制作精致，大木构架承重，柱梁硕大，规模气派，砖、木、石制作精致。2016年被列为黟县重点文物保护单位。

郑氏宗祠

位于歙县郑村镇郑村，始建于明成化年间，明万历四十三年（1615）重修并扩建祠前石坊。时称『忠贞祠』，又名『师山先生祠』。三进五开间。通面阔24.9米，通进深73米，包括祠前门坦在内，占地面积1856平方米。祠前石坊，凝灰岩石质，三间四柱五楼，坊柱、梁枋遍布锦纹雕饰，仿彩绘纹饰雕刻，典雅工丽。2006年被列为全国重点文物保护单位。

至善堂

位于歙县霞坑镇里方村，系汪氏宗祠，清咸丰三年（1853）倡建，民国九年（1920）改址重建。坐西北朝东南，二进三开间。通面阔11.3米，通进深19米，占地面积215平方米。大门有简易门楼，上书『汪氏宗祠』四字。

至善堂

位于歙县霞坑镇石潭村，建于清代。坐东朝西，二进三开间中天井二层建筑。通面阔8.5米，通进深17.5米，占地面积150平方米。前堂两侧有厢房，大门两侧立有高大石鼓，左右有边门。正堂梁柱粗大，梁枋雕如意纹，雀替雕人物故事。中堂壁后设楼梯。

志德堂

位于黟县洪星乡杨家墩村主丈组，建于清代。坐北朝南，通面阔9.95米，通进深29.35米，占地面积292平方米。三进（即门屋、享堂、寝堂）三开间砖木结构建筑。梁架承重，三开砖空斗墙围护，中青瓦屋面，青料石铺阶沿天井，内构、木雕制作精致。2016年被列为黟县重点文物保护单位。

志良公祠

位于绩溪县瀛洲镇浒里村89号对面，建于清代早期。坐东朝西，占地面积172平方米。一进三开间中天井。前面为一环形走廊，三合土地坪，外砌封火墙，撑拱承挑出檐，祠堂梁架和基础较好，木雕构件雕刻精美。

致和堂

位于歙县岔口镇井潭村田舍自然村，建于清代。坐西南朝东北，二进三开间，第二进为二层建筑。通面阔6.18米，通进深15.1米，占地面积93.3平方米。横梁和门有木雕，祠堂结构保存完整。

秩叙堂

位于婺源县赋春镇上严田村，系朱氏宗祠，建于清咸丰年间。由大门门屋、享堂、寝室组成。占地面积650平方米。祠内梁柱构架、木雕装饰精致，天井阔大坑深。

中和堂

位于歙县三阳镇竹铺村，始建于清初，清末重建。坐西南朝东北，二进三开间。通面阔10.5米，通进深20.95米，占地面积220平方米。大门有门楼，内部有木雕。

中和堂

位于祁门县古溪乡黄龙村黄龙口自然村河边，系汪氏支祠，建于明代。坐西朝东，现仅存门楼、寝堂部分。通面阔12米，通进深30.1米，占地面积361平方米。存『壁水耆英』匾1块。

忠孝堂

位于祁门县古溪乡古溪村毛坦自然村，系许氏宗祠，建于清代。坐南朝北，二进三开间中天井。通面阔11.5米，通进深18米，占地面积207平方米。木门档四来头，一大门二边门，青石板铺设地面。

忠孝堂

位于祁门县历口镇许村许三、许四组，系许氏宗祠，建于清代。坐北朝南，三进三开间前后天井砖木结构建筑。通面阔12米，通进深30.4米，占地面积365平方米。门前抱鼓石一对。祠内木雕保存较好，保存有匾额6块。

忠义堂

位于祁门县古溪乡谢家村磜源组，系汪氏宗祠，建于清代。坐北朝南，二进三开间中天井。通面阔10.8米，通进深18.1米，占地面积196平方米。无寝堂，主体结构多次维修。

周承烈祠堂

位于黟县碧阳镇郭门社区南街10号，建于清代。坐西朝东，一进（门屋）三开间砖木结构建筑。后进已全部毁坏，门前有2个旗杆石，前檐部有卷棚轩椽，梁袱上有斗拱，木构配件制作及雕刻较好，柱磉石雕刻精致。

周氏宗祠

位于绩溪县扬溪镇石门村东头，建于清代中后期。坐东南朝西北，占地面积548平方米。分前、中、后三进，前进面阔五间，进深两间，中设仪门。歇山式屋顶，砌封火山墙，抬梁式梁架，斗拱承挑出檐。祠堂内木雕构件雕刻精美，保存较完整。

周氏宗祠

位于绩溪县临溪镇湖里村，建于清代中期。坐北朝南，占地面积565.5平方米。共有前、中、后三进，面阔五间，进深两间，中设仪门。门楼飞檐翘角，歇山式屋顶，抬梁穿斗并用式梁架，三合土地坪，斗拱承挑出檐，各花脊端饰有鳌鱼，中进前檐悬挂『道国世家』匾额一块，落款是『道光庚子桂月』。

周氏宗祠

位于歙县昌溪乡昌溪村周邦头自然村，始建于明弘治十年（1497），现存为清道光年间重建。坐北朝南，三进五开间。通面阔18.5米，通进深43.5米，占地面积804.75平方米。大门为『五凤楼』式。祠内木构件雕刻精致，中进享堂前檐梁撑为圆雕『和合二仙』『刘海戏金蟾』。祠堂全堂木构件采用油漆髹饰，较为独特。2013年被列为全国重点文物保护单位。

周氏宗祠

位于绩溪县华阳镇西街曹家井(39号)，始建于明嘉靖年间，清乾隆三十四年(1769)扩建，乾隆四十一年(1776)竣工。坐西朝东，现存建筑面积1156平方米。宗祠由影壁、门楼、庭院、廊庑、正厅、庭院、后进奉先楼七大部分组成。门楼为重檐歇山式屋顶，面阔七间，进深两间。仪门两侧石鼓对峙，上方悬挂『周氏宗祠』匾额。门楼后为庭院，中设甬道通向正厅，两边皆用青石条铺面。1996年绩溪县人民政府依托周氏宗祠建成三雕博物馆。1998年被列为安徽省重点文物保护单位。

朱家祠堂

位于歙县徽城镇就田村，建于清代。坐北朝南，四进三开间三天井。通面阔8.05米，通进深26.6米，占地面积214平方米。有冬瓜梁和木雕。

朱氏祠堂

位于歙县雄村镇义成村一组，建于清代中叶。三进二天井。通面阔12.2米，通进深38.8米，占地面积473.36平方米。主体结构保存完好。

朱氏宗祠

位于绩溪县华阳镇紫园山庄内，建于明代中期。坐东南朝西北，占地面积260平方米。三进五开间。由影壁、门楼、庭院、廊庑、享堂、厢房、寝楼组成。前进为牌坊式门楼，中进为享堂，中置一天井，三合土地坪，后进为寝楼，中进和后进之间也设一天井，三合土地坪，硬山式屋顶，斗拱承挑出檐，抬梁穿斗并用式梁架，木雕构件斜撑、雀替、隔扇、驼峰雕刻十分精美。

竹园祠堂

位于歙县溪头镇西坡村竹园，建于清代。坐北朝南，三进五开间。通面阔11米，通进深24.8米，占地面积252平方米。过石梯进大门，二进走道为青石板铺地，两侧石梯。建筑规模较大。『八』字墙，内部有雕刻。

竹源方氏宗祠

位于歙县三阳镇竹源村，又名『伸公厅』，建于清末。一进一天井二层建筑。通面阔7.48米，通进深7.95米，占地面积59.47平方米。有门楼，厅内有明堂，木雕精美。2006年被列为歙县重点文物保护单位。

庄里公堂

位于黄山区甘棠镇庄里村塘塝组，建于清代晚期。占地面积225.68平方米。二进三开间。中有正方形天井，木架结构穿斗式，整个木架大多为松木，屋顶为卷棚，有望砖，天井上方斜雕有人物图案，卷棚上2个月梁为双狮绣球，内墙为青花砖砌成。

庄源外祠堂

位于歙县雄村镇庄源村，建于清代。一进三开间。通面阔7.08米，通进深9.65米，占地面积68.3平方米。有门楼、冬瓜梁、斜撑、梁柁、花板、石鼓和小冬瓜梁。

庄源里祠堂

位于歙县雄村镇庄源村，建于清代。坐南朝北，一进三开间二层建筑。通面阔8.2米，通进深9.65米，占地面积79.1平方米。有冬瓜梁、石鼓、小冬瓜梁和门楼，二楼有梁柁。

状元厅

位于徽州区岩寺镇洪坑村，堂名『承恩堂』，建于清代。坐西朝东，建筑面积373.8平方米。一进五开间。中天井。大厅分两级，前檐与前金步为一级，梁架为双步，前金到后檐为一级，上为五架抬梁式结构。

追慕堂

位于黟县西递村中直街，系壬派胡氏荣祖公后裔二十三世海公祠，建于清康熙年间。坐西朝东，通面阔11.7米，通进深30米，占地面积351平方米。二进三开间。天井四周的屋檐被18朵四层斗拱高高挑起，伸向内庭，大厅光线充足，十分宽敞，祠堂后进为一台式三间建筑，前后进中间隔以明塘，明塘的四周置以石裙，两侧石级上下，高于前厅数米。2001年被列为全国重点文物保护单位。

资深堂

位于婺源县中云镇豸峰村，系潘氏支祠，建于清同治年间。由大门门屋、享堂和寝室组成。大门立面用青砖砌成牌楼式。祠内月梁、花板等处雕刻精细；柱础有圆形、八角形和莲花形等6种。

滋德堂

位于歙县上丰乡上丰村，建于清末。坐东朝西，二进三开间。通面阔11.4米，通进深18.7米，占地面积213平方米。大门有门楼，门楼鳌鱼翘角，其上有龙、凤、鲤鱼和麒麟等图案的精美砖雕，内有雄狮和大狮护小狮等木雕。

梓坞祠堂

位于休宁县板桥乡梓坞村120号，建于明代。坐东南朝西北，占地面积427.5平方米。由门屋、享堂、寝楼组成。门罩砖雕花卉、宝瓶、八宝，地面铺青石；门屋雀替雕花卉、宝瓶，平盘斗饰花卉，立柱方形（上木下石），柱础刻花；享堂雀替雕土龙、花卉，斜撑饰倒挂狮、花卉，平盘斗饰宝瓶、动物；寝楼雀替、斜撑、平盘斗饰花卉。1998年被列为安徽省重点文物保护单位。

尊德堂

位于歙县霞坑镇里方村，为胡氏宗祠二奉厅，建于清康熙三十五年(1696)。坐西北朝东南，现存二进三开间。占地面积286平方米。大门『八』字墙上有精美砖雕，内部梁架硕大，狮子梁撑等木雕精美。2006年被列为歙县重点文物保护单位。